GÉOGRAPHIE GÉNÉRALE

DE L'EUROPE

ET DE L'AFRIQUE

MODERNES

RÉDIGÉE CONFORMÉMENT AU PROGRAMME OFFICIEL DE 1857

POUR LA CLASSE DE CINQUIÈME

PAR E. CORTAMBERT

PARIS

LIBRAIRIE DE L. HACHETTE ET Cⁱᵉ

RUE PIERRE-SARRAZIN, N° 14

Près de l'École de médecine

1858

GÉOGRAPHIE GÉNÉRALE

DE L'EUROPE

ET DE L'AFRIQUE

MODERNES

CLASSE DE CINQUIÈME

ATLAS DE GÉOGRAPHIE

DRESSÉS SOUS LA DIRECTION

DE M. E. CORTAMBERT.

1° **Atlas** (petit) **géographique du premier âge,** contenant 9 cartes enluminées, et précédées d'un texte explicatif. 1 volume grand in-18. Prix, cartonné.   **75 c.**

2° **Atlas** (petit) **de géographie ancienne,** composé de 12 cartes enluminées, format 1/4 de jésus. 1 vol. gr. in-8. Prix, cart. **1 fr. 75 c.**

3° **Atlas** (petit) **de géographie du moyen âge,** composé de 12 cartes enluminées, format 1/4 de jésus. 1 vol. grand in-8. Prix, cartonné.   **1 fr. 75 c.**

4° **Atlas** (petit) **de géographie moderne,** composé de 12 cartes. Nouvelle édition gravée sur acier. Grand in-8. Prix, cart. **2 fr 50 c.**

Chaque carte de cet atlas, séparément.   **20 c.**

Cet atlas est approprié à la classe de Sixième.

5° **Atlas** (petit) **de géographie ancienne et moderne,** composé de 24 cartes enluminées. 1 vol. grand in-8. Prix, cart. **3 fr. 50 c.**

6° **Atlas** (petit) **de géographie ancienne, du moyen âge et moderne,** composé de 36 cartes enluminées. 1 volume grand in-8. Prix, cartonné.   **5 fr.**

7° **Atlas** (nouvel) **de géographie moderne,** contenant 40 cartes enluminées, format 1/4 de jésus. 1 vol. gr. in-4. Prix, cart. **7 fr. 50 c.**

Cet atlas est approprié aux classes de Cinquième, de Quatrième, de Troisième et de Seconde.

8° **Atlas** (nouvel) **de géographie,** contenant en 64 cartes la cosmographie, la géographie physique, la géographie historique ancienne et moderne. 1 vol. grand in-4. Prix, cartonné.   **10 fr.**

Chaque carte de cet atlas, séparément.   **15 c.**

9° **Atlas** (petit) **de géographie moderne,** augmenté d'une carte géologique de la France et d'une carte de la France divisée en bassins hydrographiques avec la distribution des espèces animales, végétales et minérales. 1 vol grand in-8. Prix, cartonné.   **3 fr.**

Cet atlas est approprié à la classe de Rhétorique.

Ch. Lahure, imprimeur du Sénat et de la Cour de Cassation, rue de Vaugirard, 9, près de l'Odéon.

GÉOGRAPHIE GÉNÉRALE

DE L'EUROPE

ET DE L'AFRIQUE

MODERNES

RÉDIGÉE CONFORMÉMENT AU PROGRAMME OFFICIEL DE 1857

POUR LA CLASSE DE CINQUIÈME

PAR E. CORTAMBERT

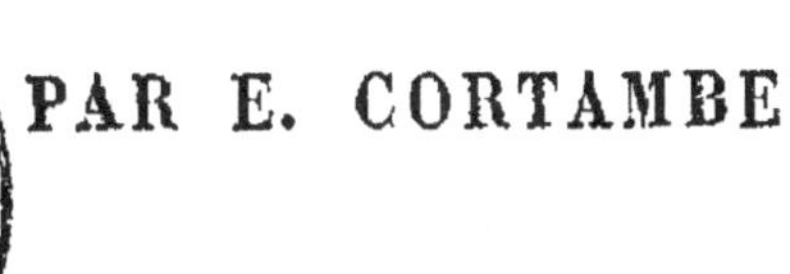

PARIS

LIBRAIRIE DE L. HACHETTE ET Cie

RUE PIERRE-SARRAZIN, N° 14

(Près de l'École de médecine)

1858

GÉOGRAPHIE

DE L'EUROPE ET DE L'AFRIQUE

MODERNES.

PREMIÈRE PARTIE.

CONTRÉES DE L'EUROPE.

I.

FRANCE.

Situation, limites, aspect général. — La France, située dans la partie occidentale de la région moyenne de l'Europe, est bornée au N. par le Pas de Calais et la mer du Nord; au N. O., par la Manche; au N. E., par la Belgique; à l'E., par le *Rhin*, du côté de l'Allemagne; par le *Doubs* et le mont *Jura*, vers la Suisse, et par les *Alpes* et le *Var*, du côté de l'Italie. Au S., elle est baignée par la mer Méditerranée, qui y forme le golfe du *Lion*, et elle est séparée de l'Espagne par les monts *Pyrénées* et la petite rivière *Bidassoa*. A l'O., elle est bornée par l'océan Atlantique, qui produit sur ses côtes le grand golfe de *Gascogne* ou de *Biscaye*, appelé aussi *mer de France*. Elle a 980 kilomètres du N. au S., depuis la ville de *Dunkerque* jusqu'au cap *Cerbère*, qui forme l'extrémité orientale des Pyrénées; 935 kilomètres de l'E. à l'O., depuis le confluent de la *Lauter* et du *Rhin* jusqu'au cap *Saint-Matthieu*, et 1066 kilomètres du N. O. au S. E., de cette même pointe à l'embouchure du *Var*.

On trouve dans la France une grande variété d'aspects : au N., s'étendent de grandes plaines, à côté desquelles on remarque cependant les montagnes des *Ardennes* ; à l'E., s'élèvent les montagnes des *Vosges* et du *Jura*. Vers l'extrémité occidentale, le pays est parsemé de montagnes médiocrement élevées, dont les principales sont celles d'*Arrée* ; au centre, on remarque les plaines uniformes du *Berri*, les plaines charmantes de la *Touraine* et de la *Limagne*, et les montagnes des *Cévennes* et de l'*Auvergne*. Au S. O., on voit de vastes terrains plats et incultes qu'on appelle *Landes* ; et, près de là, les hautes montagnes des Pyrénées offrent des sites très-pittoresques. Au S. E., enfin, les Alpes, les plus hautes montagnes de France, et couvertes de neiges perpétuelles, contrastent avec les plaines et les vallées les plus chaudes du pays, qui s'étendent dans le voisinage de la mer.

Six fleuves principaux arrosent la France : le *Rhin* la limite un peu du côté de l'E. ; — la *Meuse* la parcourt au N. E. Ces deux fleuves se rendent dans la mer du Nord.

La *Seine* coule dans le N., et va se jeter dans la Manche : elle se grossit de l'*Yonne*, de la *Marne* et de l'*Oise*. — La *Loire* traverse le centre et l'ouest de la France, et se perd dans l'océan Atlantique : son cours est embarrassé de bancs de sable ; elle reçoit l'*Allier*, la *Vienne* et la *Maine*, nommée *Mayenne* dans sa partie supérieure. — La *Gironde*, au S. O., se rend dans le golfe de Gascogne ; elle est large et navigable pour de gros navires ; elle est formée par l'union de la *Dordogne* avec la *Garonne*, dans laquelle se jettent le *Tarn* et le *Lot*. — Le *Rhône*, qui a sa source dans la Suisse, arrose le S. E. de la France, et se perd dans la Méditerranée, c'est-à-dire dans le golfe du Lion, par deux branches principales, entre lesquelles s'étend l'île fertile de la *Camargue* : il est très-rapide, et dangereux par ses crues subites ; il reçoit la *Saône*, l'*Isère* et la *Durance*.

Outre ces fleuves principaux, on remarque encore

l'*Escaut* et la *Somme*, dans le N. de la France, sur le versant de la mer du Nord ; la *Vilaine* et la *Charente*, à l'O., sur le versant du golfe de Gascogne ; l'*Adour*, au S. O., tributaire du même golfe ; l'*Aude* et l'*Herault*, au S., sur le versant de la Méditerranée.

Le canal de *Saint-Quentin* unit l'Escaut à l'Oise. Les canaux du *Loing*, de *Briare* et d'*Orléans* font communiquer la Seine à la Loire. Le canal de *Bourgogne* joint l'Yonne à la Saône ; celui du *Centre* unit la Saône à la Loire ; le canal du *Languedoc* ou du *Midi*, l'un des plus beaux de l'Europe, s'étend depuis la Garonne jusque vers le golfe du Lion.

Divisions territoriales. Villes principales. — La France était divisée, avant la révolution de 1789, en 36 provinces [1] : elle l'est maintenant en 86 départements. Voici la comparaison de ces provinces et de ces départements :

I. Sur le versant de la mer du Nord, on remarque les 4 provinces d'*Alsace*, de *Lorraine*, de *Flandre* et d'*Artois*.

L'ALSACE, contrée agréable et industrielle, renfermée entre les Vosges et le Rhin, a formé : 1º le département du **Haut-Rhin,** dont le chef-lieu est *Colmar*, mais dont la ville la plus industrieuse et la plus florissante est *Mulhouse*. — 2º Le département du **Bas-Rhin,** dont le chef-lieu est la grande et florissante ville de *Strasbourg*, très-fortifiée, ornée d'une magnifique cathédrale, et située sur l'Ill, près du Rhin.

La LORRAINE, belle province, arrosée par des rivières nombreuses, mais qui causent souvent des ravages par leurs débordements, a formé quatre départements : 1º celui de la **Moselle,** qui a pour chef-lieu l'importante

---

1. Nous donnons ici à la France 36 provinces, quoiqu'elle ne fût réellement divisée qu'en 31 *grands gouvernements militaires*. C'est que nous considérons comme provinces l'*Angoumois*, qui ne formait qu'un gouvernement avec la *Saintonge*; la *Gascogne*, qui en formait un avec la *Guienne*; la *Picardie* et l'*Artois*, qui ne composaient aussi qu'un gouvernement : l'*État d'Avignon*, qui appartenait au pape, et la *Corse*, qui n'était pas comptée parmi les grands gouvernements.

place forte de *Metz*, sur la Moselle ; les autres villes remarquables sont *Thionville*, place forte, et *Sarreguemines*, renommée pour ses faïenceries. — 2° Le département de la **Meuse**, qui renferme à l'O. la forêt d'*Argonne*, et dont les villes principales sont *Bar-le-Duc*, chef-lieu, et *Verdun*. — 3° Le département de la **Meurthe**, dont le chef-lieu est la belle ville de *Nancy* ; on y trouve aussi *Lunéville*, *Toul*, *Château-Salins*, *Dieuze*, qui a des salines importantes ; *Bacarat*, avec une grande manufacture de cristaux. — 4° Le département des **Vosges**, dont le chef-lieu est *Épinal*. On y trouve *Saint-Dié*, *Mirecourt*, *Plombières*, connue par ses eaux minérales, et le village de *Domremy*, patrie de Jeanne d'Arc.

La FLANDRE, contrée riche, populeuse, et fertile en blé, houblon, lin et tabac, a formé le département du **Nord**, dont le chef-lieu est la célèbre place forte de *Lille* : on y trouve encore le port de *Dunkerque* et les villes fortes de *Douai*, de *Cambrai* et de *Valenciennes*.

L'ARTOIS, fertile et bien peuplé, a formé à peu près le département du **Pas-de-Calais**, dont *Arras* est le chef-lieu ; on y distingue les villes de *Saint-Omer*, de *Boulogne-sur-Mer* et de *Calais*.

II. Sur le versant de la Manche, se trouvent les provinces de *Picardie*, de *Champagne*, d'*Ile-de-France* et de *Normandie*.

La PICARDIE, province généralement riche et bien cultivée, est remplacée par le département de la **Somme**, qui a pour chef-lieu la florissante ville d'*Amiens*, sur la Somme ; on y trouve, à l'E., la forteresse de *Péronne*, et, à l'O., la ville industrieuse et commerçante d'*Abbeville*.

La CHAMPAGNE, couverte, au N. et au S. E., de petites montagnes boisées, mais composée, ailleurs, de vastes plaines et de coteaux tapissés de beaux vignobles, a été répartie entre quatre départements : 1° celui des **Ardennes**, ainsi nommé des montagnes qui s'y trouvent : le chef-lieu est *Mézières*, ville fort petite, mais très-forte, sur la Meuse ; on remarque aussi la place forte de *Rocroi*, et la commerçante ville de *Sedan*, patrie de Turenne, et célèbre par ses draps. — 2° Le département de la **Marne**, qui a pour villes principales *Châlons-sur-Marne*, chef-lieu; *Reims*, plus importante, et fameuse par sa cathédrale, par l'ancien sacre des rois de France et par son industrie; *Epernay*, dans un territoire fertile en vins renommés. — 3° Le département de l'**Aube**, dont le chef-lieu est *Troyes*, grande ville, sur la Seine : on y voit encore *Nogent-sur-Seine*, *Arcis-sur-Aube*, *Bar-sur-Seine* et *Bar-sur-Aube*. — 4° Le département de la **Haute-Marne**, dont la jolie ville de *Chaumont-sur-Marne* est le chef-lieu; on y remarque *Langres*, renommée par sa coutellerie, et *Bourbonne-les-Bains*, par ses eaux minérales.

L'Ile-de-France, entrecoupée de plaines bien cultivées et de belles forêts, est remplacée par cinq départements : 1° celui de la **Seine**, le plus petit, mais le plus peuplé de la France : il renferme Paris, capitale de l'empire; cette ville, une des plus belles et des plus grandes du monde, est située sur les deux rives de la Seine et sur deux îles de ce fleuve; c'est la seconde de l'Europe pour la population : on y compte plus d'un million d'habitants. Les villes les plus importantes de ce département sont ensuite *Saint-Denis*, *Belleville*, *Batignolles-Monceaux*. — 2° Le département de **Seine-et-Oise**, dont le chef-lieu est *Versailles*, très-belle ville, fameuse par son magnifique château et son parc; on remarque encore *Pontoise*, *Étampes*, *Corbeil* et *Saint-Germain-en-Laye*. — 3° Le département de **Seine-et-Marne**, qui correspond en grande partie à l'ancien pays de *Brie*, et dont les villes principales sont *Melun*, chef-lieu, sur la Seine; *Meaux*, *Provins*, et *Fontainebleau*, connue par son château et sa forêt. — 4° Le département de l'**Oise**, dont le chef-lieu, *Beauvais*, est célèbre par ses manufactures de tapis; on y trouve aussi *Compiègne*, *Senlis* et *Noyon*. — 5° Le département de l'**Aine**, où l'on distingue *Laon*, chef-lieu; *Soissons*, connue par son antiquité; *Saint-Quentin*, intéressante par ses manufactures de basins et de gazes; *Château-Thierry*, patrie de La Fontaine.

La NORMANDIE, belle et riche contrée, qui s'étend sur la Manche et qui est productive en blé, lin, colza, pommes, etc., a formé cinq départements : 1° celui de la **Seine-Inférieure**, dont les villes principales sont *Rouen*, chef-lieu, peuplée de 100 000 âmes, célèbre par son commerce et ses manufactures, et située sur la Seine, que les navires remontent jusque-là; *Le Havre*, port de mer très-animé, à l'embouchure de la Seine; *Dieppe*, autre port de mer; *Neufchâtel-en-Bray*, connue par ses fromages; *Elbeuf*, renommée par ses draps. — 2° Le département de l'**Eure**, dont le chef-lieu est *Évreux*, sur l'Iton; on y remarque aussi *Louviers*, célèbre par ses draps. — 4° Le département du **Calvados**, qui s'étend le long de la Manche, et qui tire son nom d'une chaîne de rochers dangereux située près de ses côtes : *Caen*, chef-lieu, est une grande et florissante ville, sur l'Orne; on remarque encore *Falaise*, célèbre par ses foires; *Lisieux*, dont les toiles sont renommées, et *Honfleur*, dans un territoire fertile, à l'embouchure de la Seine.— 4° Le département de la **Manche**, qui forme une presqu'île, terminée au N. O. par le cap de *la Hague* : les villes remarquables sont *Saint-Lô*, chef-lieu; *Cherbourg*, avec un magnifique port militaire; *Coutances*, et *Avranches*. — 5° Le département de l'**Orne**, qui a pour chef-lieu *Alençon*, connue par ses dentelles et ses diamants faux; on y voit encore *Laigle*, fameuse par ses fabriques d'aiguilles et d'épingles.

III. Une ancienne province est à la fois sur les versants de la Manche, de l'Atlantique proprement dit et du golfe de Gascogne · c'est la *Bretagne*.

La BRETAGNE forme une presqu'île à l'extrémité occidentale de la France ; elle était divisée en deux parties : la Haute-Bretagne, à l'E., et la Basse-Bretagne, à l'O. La première a un sol productif et un aspect généralement agréable; la seconde offre des bruyères stériles et des montagnes d'un aspect triste ; les côtes en sont bordées de rochers escarpés et pittoresques. Cette province a été partagée en cinq départements : 1° celui d'***Ille-et-Vilaine,*** où l'on trouve l'importante ville de *Rennes*, chef-lieu, et le port de *Saint-Malo*, à l'E. duquel est la rade de *Cancale*, célèbre par ses huîtres. — 2° Le département des ***Côtes-du-Nord,*** dont le chef-lieu est *Saint-Brieuc*, près d'une anse du même nom : on y remarque aussi *Dinan*. — 3° Le département de la ***Loire-Inférieure***, qui a pour chef-lieu *Nantes*, belle et grande ville, située agréablement au confluent de la Loire, de l'Erdre et de la Sèvre nantaise, et fameuse par son port, son commerce et son industrie : on peut encore nommer *Paimbœuf* et *Saint-Nazaire*, ports à l'embouchure de la Loire, et *Châteaubriant*. — 4° Le département du ***Morbihan,*** qui tire son nom d'un petit golfe formé par l'océan Atlantique : les villes principales sont *Vannes*, chef-lieu ; *Lorient*, port de mer célèbre, vers l'embouchure du *Blavet ; Napoléonville* ou *Pontivy*, aussi sur le Blavet ; ce département possède l'île de *Groix* et *Belle-Ile*, toutes deux très-fertiles. — 5° Le département du ***Finistère,*** qui tire son nom de sa position à l'extrémité de la France : les villes remarquables sont *Quimper-Corentin*, chef-lieu, et *Brest*, célèbre et beau port militaire, avec une magnifique rade ; à l'O. de ce département, est la petite île d'*Ouessant*, entourée de rochers.

IV. Sur le versant du golfe de Gascogne ou de la mer de France, il y a dix-huit provinces, dont onze dans le bassin de la Loire, et, parmi ces onze, il y en a six sur le cours même du fleuve ; ce sont : le *Bourbonnais*, le *Nivernais*, le *Berri*, l'*Orléanais*, la *Touraine* et l'*Anjou*.

Le Bourbonnais, ainsi nommé de la petite ville de *Bourbon-l'Archambault*, a formé le département de l'***Allier,*** qui a pour chef-lieu *Moulins*, située sur l'Allier ; on y trouve encore *Vichy*, avec des bains d'eaux minérales très-renommés.

Le Nivernais, riche en bois et en mines de fer, forme le département de la **Nièvre**, dont le chef-lieu est *Nevers*, dans une position agréable, sur la Loire, vers le confluent de la Nièvre. On y remarque aussi *Cône*, connue par sa coutellerie, et *Clamecy*, qui fait un grand commerce de bois, sur l'Yonne.

L'Orléanais renfermait, au N. E., le *Gâtinais*, riche en safran; au N., la *Beauce*, très-fertile en blé, et, au S., la *Sologne*, pleine d'étangs, de marais et de cantons stériles. Il a formé trois départements : 1° celui du **Loiret**, dont les villes principales sont *Orléans*, chef-lieu, belle et grande ville, sur la Loire, un peu au-dessus du confluent de la petite rivière du Loiret; *Montargis*, au confluent des canaux de Briare, du Loing et d'Orléans; *Beaugency*, connue par ses vins. — 2° Le département de **Loir-et-Cher**, dont le chef-lieu est *Blois*, sur la Loire, avec un château célèbre; on remarque encore *Vendôme*, *Romorantin* et le château de *Chambord*. — 3° Le département d'**Eure-et-Loir**, dont les villes les plus célèbres sont *Chartres*, chef-lieu, avec une belle cathédrale, et *Dreux*, intéressante par son antiquité.

Le Berri, entrecoupé de gras pâturages et de plaines fertiles en blé, comprend deux départements : 1° celui du **Cher**, dont le chef-lieu est *Bourges*, ville ancienne. — 2° Celui de l'**Indre**, dont les principales villes sont *Châteauroux*, chef-lieu, sur l'Indre, et *Issoudun*.

La Touraine, pays fertile et beau, qu'on a surnommé le *Jardin de la France*, a formé le département d'**Indre-et-Loire**, qui a pour chef-lieu *Tours*, située entre la Loire et le Cher; on distingue aussi *Chinon*, où habita Charles VII, et *Amboise*, avec un château célèbre, qui fut la résidence du même roi et celle de plusieurs de ses successeurs.

L'Anjou, belle province aussi, a formé le département de **Maine-et-Loire**, qui a pour chef-lieu *Angers*, grande et florissante ville, sur la Maine; on distingue, en outre, *Saumur*, connue par son école de cavalerie, et *Cholet*, par son commerce de bœufs.

A droite de la Loire, il n'y a qu'une province : le *Maine*.

Le Maine, contrée généralement fertile, comprenait au N. E., le *Haut* ou *Grand-Perche*[1]. Il a formé : 1° le département de la **Sarthe**, qui a pour villes principales *Le Mans*, chef-lieu, célèbre par son commerce de bougies et de volailles, et *La Flèche*, connue par son prytanée militaire. — 2° le département de la **Mayenne**, dont le chef-lieu est *Laval*, très-commerçante en fil et en toiles ; on y trouve encore la ville de *Mayenne*, sur la rivière de ce nom.

A gauche de la Loire, sont quatre provinces : l'*Auvergne*, la *Marche*, le *Limousin* et le *Poitou*.

L'Auvergne est presque partout couverte de montagnes pittoresques, dont plusieurs sont d'anciens volcans. On en a formé deux départements : 1° celui du **Puy-de-Dôme**, qui renferme au N. E. la montagne de son nom et au S. le mont *Dore* : *Clermont-Ferrand*, grande ville, est le chef-lieu de ce département, où l'on remarque aussi *Riom*, au milieu de la fertile plaine de Limagne ; *Issoire, Thiers, Ambert*. — 2° Le département du **Cantal**, qui tire son nom d'une haute montagne, et qui a pour villes principales *Aurillac*, chef-lieu, et *Saint-Flour*.

La Marche, province montagneuse et peu fertile, est remplacée par le département de la **Creuse**, qui a pour chef-lieu *Guéret*, et où l'on remarque *Aubusson*, célèbre par ses manufactures de tapis.

Le Limousin, pays montagneux, surtout au S., a été réparti entre deux départements : 1° celui de la **Haute-Vienne**, dont le chef-lieu est *Limoges*, ville considérable et commerçante, sur la Vienne ; on y voit aussi *Saint-Yrieix*, connue par sa terre à porcelaine. — 2° Le département de la **Corrèze**, qui a pour villes principales *Tulle*, chef-lieu, sur la Corrèze, et *Brive*, dans une agréable position.

Le Poitou, généralement fertile en blé et en vins, et

---

1. Le *Bas-Perche* était dans l'Orléanais.

bordé, à l'O., de marais salants, forme trois départements : 1º le département de la **Vienne,** où l'on remarque *Poitiers,* chef-lieu, ville très-ancienne, et *Châtellerault,* dont la coutellerie est renommée. — 2º Le département des **Deux-Sèvres,** dont le chef-lieu est *Niort,* sur la Sèvre niortaise. — 3º Le département de la **Vendée,** dont la petite ville de *Napoléon-Vendée* est le chef-lieu ; on y remarque le port des *Sables d'Olonne,* et *Fontenay-le-Comte.* L'île d'*Yeu* et celle de *Noirmoutier* dépendent de ce département.

Dans le bassin de la Charente, se trouvent les provinces d'*Aunis,* de *Saintonge* et d'*Angoumois.*

L'Aunis et la Saintonge, productives en céréales et en vins, sont maintenant comprises dans le département de la **Charente-Inférieure,** qui a pour chef-lieu *La Rochelle,* port de mer célèbre ; on y trouve aussi *Rochefort,* autre port fameux, sur la Charente ; *Saintes,* intéressante par ses antiquités. Sur la côte de ce département, sont les îles de *Ré* et d'*Oléron.*

L'Angoumois, province généralement agréable, produit beaucoup de vin et d'excellentes truffes. On en a formé le département de la **Charente,** où l'on remarque *Angoulême,* chef-lieu, près de la Charente, et *Cognac,* connue par la naissance de François 1ᵉʳ et par ses eaux-de-vie.

Dans le bassin de la Garonne et de l'Adour, sont quatre provinces : la *Guienne,* la *Gascogne,* le *Béarn* et le *Comté de Foix.*

La Guienne est une grande province, qui s'étend de l'E. à l'O. depuis les Cévennes jusqu'à l'océan Atlantique : dans la portion la plus occidentale, elle est stérile et remplie de landes incultes ; à l'E. et au centre, elle est fertile. Elle a formé six départements : 1º celui de la **Gironde,** qui produit d'excellents vins, entre autres ceux du pays de *Médoc,* renfermé entre la Gironde et la mer : le chef-lieu est *Bordeaux,* sur la Garonne, grande et superbe ville, peuplée d'environ 130 mille habitants, et cé-

lèbre par son vaste port et par l'étendue de son commerce ;
on y remarque encore *Libourne*, sur la Dordogne, et
Blaye, sur la Gironde. — 2° Le département de la **Dordogne**, qui remplace l'ancien *Périgord*, et qui a pour
villes principales *Périgueux*, chef-lieu, *Bergerac* et *Sarlat*.
— 3° Le département de **Lot-et-Garonne**, dont le chef-
lieu est *Agen*, dans une contrée agréable, sur la Garonne.
— 4° Le département du **Lot**, qui a pour chef-lieu *Ca-
hors*, sur le Lot. — 5° Le département de **Tarn-et-
Garonne**, dont le chef-lieu est *Montauban*, grande et
belle ville, sur le Tarn. — 6° Le département de l'**Aveyron**, où l'on remarque *Rodez*, chef-lieu, sur l'Aveyron ;
Villefranche-d'Aveyron, *Milhau* et *Saint-Affrique*.

La GASCOGNE, que bordent au S. E. les hautes montagnes des Pyrénées, entrecoupées de très-belles vallées,
et qui présente au N. O., vers la mer, un pays triste et
stérile, a formé trois départements : 1° celui des **Landes**,
qui tire son nom de ses terres incultes, sablonneuses et
semées de bruyères ; il renferme *Mont-de-Marsan*, chef-
lieu, et *Dax*, renommée par ses eaux minérales. — 2° Le
département du **Gers**, dont le chef-lieu est *Auch*, et où
l'on trouve les villes de *Lectoure* et de *Condom*. — 3° Le
département des **Hautes-Pyrénées**, remarquable par
ses nombreuses curiosités naturelles : le chef-lieu est
Tarbes, jolie ville, sur l'Adour. On trouve encore *Bagnères-
de-Bigorre*, connue par ses eaux minérales ; et *Barrèges*,
Saint-Sauveur, *Cauterets*, également renommées par leurs
eaux.

Le BÉARN, avec la *Basse-Navarre*, a formé le département des **Basses-Pyrénées**, dont les principales villes
sont *Pau*, chef-lieu, illustrée par la naissance de Henri IV,
et *Bayonne*, port de mer, vers l'embouchure de l'Adour.

Le COMTÉ DE FOIX, couvert au S. par les Pyrénées, et
riche en mines de fer, a formé le département de l'**Ariége**,
dont le chef-lieu est *Foix*. On y remarque *Pamiers* et *Saint-
Girons*. ·

V. Deux provinces, le *Languedoc* et le *Lyonnais*, sont

partagées entre les versants de la Méditerranée et du golfe de Gascogne.

Le LANGUEDOC est une vaste province, où l'on remarque une grande variété d'aspects : au N. E., il est couvert par les Cévennes ; au S E., il offre, sur les bords de la Méditerranée, des terrains bas, entrecoupés de lagunes, mais aussi des coteaux agréables et sains ; au S. O., il renferme des plaines et des vallées fertiles. Ce pays a été réparti entre huit départements : 1° celui de la **Haute-Loire,** dont le chef-lieu est *Le Puy*, célèbre par ses dentelles. — 2° Le département de l'**Ardèche,** qui a pour chef-lieu la petite ville de *Privas* et pour ville principale *Annonay,* très-industrieuse. — 3° Le département de la **Lozère,** ainsi nommé d'une montagne des Cévennes, et dont le chef-lieu est *Mende.*—4° Le département du **Gard,** qui tire son nom d'une rivière appelée aussi *Gardon* et traversée par un admirable pont-aqueduc construit par les Romains : le chef-lieu est *Nîmes*, grande et florissante ville, où l'on trouve de belles antiquités ; on remarque encore *Alais*, connue par son industrie active et par ses mines de charbon de terre ; *Aigues-Mortes*, où saint Louis s'embarqua pour ses deux croisades , et *Beaucaire*, située sur le Rhône, et célèbre par ses foires. — 5° Le département de l'**Hérault,** dont le chef-lieu est *Montpellier*, remarquable par son agréable position et son école de médecine : on y voit aussi *Béziers* et *Pézenas*, connues par leur délicieuse situation ; *Cette*, intéressante par son port, et située sur une langue de terre resserrée entre l'étang ou la lagune de *Thau* et la Méditerranée ; *Agde*, vers l'embouchure de l'Hérault ; *Lunel* et *Frontignan*, renommées par leurs vins.—6° Le département de l'**Aude,** dont les villes principales sont *Carcassonne*, chef-lieu, *Castelnaudary*, *Narbonne*, remarquable par son ancienneté et son miel, et *Limoux*, qui fait commerce de vins renommés. —7° Le département du **Tarn,** dont les villes les plus considérables sont *Alby*, chef-lieu , avec une belle cathédrale , et *Castres*, intéressante par ses draps. — 8° Le département de la

Haute-Garonne, qui a pour chef-lieu *Toulouse*, une des plus grandes villes de France, dans une position agréable, au confluent de la Garonne et du canal du Midi. On y voit aussi *Bagnères-de-Luchon*, célèbre par ses eaux minérales.

Le LYONNAIS, montagneux au milieu, et composé ailleurs de belles plaines et de riants coteaux, forme deux départements : 1° celui du ***Rhône***, qui a pour chef-lieu *Lyon*, la seconde ville de France, peuplée de 250 mille âmes, admirablement située au confluent du Rhône et de la Saône, et célèbre par son immense commerce, son industrie et ses nombreuses manufactures, surtout en étoffes de soie : ce département renferme encore *Villefranche*, près de la Saône, et *Tarare*, connue par ses mousselines. — 2° Le département de la ***Loire***, dont le chef-lieu est *Saint-Étienne*, grande ville très-industrieuse, et surtout connue par ses manufactures d'armes et ses mines de houille; on remarque aussi *Montbrison*, ancien chef-lieu, et *Roanne*, fort commerçante, sur la Loire.

VI. Une province est à la fois sur les versants de la Manche, du golfe de Gascogne et de la Méditerranée : c'est la *Bourgogne*.

La BOURGOGNE est montagneuse au centre, mais composée, à l'E. et à l'O., de belles plaines, que bordent des coteaux tapissés de riches vignobles. Elle a été répartie entre quatre départements : 1° celui de la ***Côte-d'Or***, qui tire son nom d'une chaîne de collines : le chef-lieu est la jolie ville de *Dijon*, située dans une agréable contrée, et patrie de Bossuet. *Beaune*, célèbre par ses vins, et *Auxonne*, place forte, sont aussi dans ce pays. — 2° Le département de l'***Yonne***, dont une partie a été formée de la Champagne : on y distingue *Auxerre*, chef-lieu, sur l'Yonne; *Sens*, remarquable par son ancienneté; *Joigny* et *Tonnerre*, connues par leurs vins. — 3° Le département de ***Saône-et-Loire***, qui a pour chef-lieu *Mâcon*, agréablement située sur la Saône, et renommée par ses vins : on y trouve encore *Chalon-sur-Saône*, ville très-commerçante, et *Autun*, remarquable par ses antiquités. — 4° Le département de l'*Ain*, qui est rempli, au S. O., d'étangs et de marécages, et dont le chef-lieu est *Bourg-en-Bresse*. On remarque aussi *Nantua*, sur un joli lac du même nom; *Belley*, et *Trévoux*, sur la Saône, dans une agréable position.

VII. Six provinces appartiennent entièrement au versant de la Méditerranée; ce sont : la *Franche-Comté*, le *Dauphiné*, l'*Etat d'Avignon*, la *Provence*, le *Roussillon* et la *Corse*.

La FRANCHE-COMTÉ, fertile en blé et en vins, et riche en mines, renferme trois départements : 1° celui de la **Haute-Saône,** dont le chef-lieu est *Vesoul*. On y remarque encore *Gray*, sur la Saône. — 2° Le département du **Doubs,** qui a pour chef-lieu la ville forte de *Besançon*, située sur le Doubs. — 3° Le département du **Jura,** dont les villes principales sont *Lons-le-Saunier*, chef-lieu; *Dôle*, dans une charmante vallée arrosée par le Doubs, et *Salins*, connue par ses salines.

Le DAUPHINÉ, renfermé entre le Rhône et les Alpes, est presque partout couvert de montagnes escarpées et pittoresques. Il a été partagé en trois départements : 1° celui de l'*Isère,* dont le chef-lieu est *Grenoble*, ville forte, sur l'Isère, dans une des plus belles vallées de France; un peu au N. de cette ville, est le célèbre monastère de la *Grande-Chartreuse;* à l'O., sur le Rhône, on trouve *Vienne*, ville très-ancienne. — 2° Le département de la **Drôme,** qui a pour chef-lieu *Valence;* on y remarque aussi *Montélimart*, dans un pays agréable, et *Tain*, avec le fameux vignoble de l'*Ermitage*. — 3° Le département des **Hautes-Alpes,** dont les villes principales sont *Gap*, chef-lieu, *Embrun* et *Briançon*.

L'ETAT D'AVIGNON, riche en excellents vignobles et en sites délicieux, a longtemps appartenu aux papes; il était composé de deux *Comtats*, le *Comtat d'Avignon*, et le *Comtat Venaissin*. Il a formé le département de **Vaucluse,** qui tire son nom d'une belle fontaine, située dans une vallée pittoresque ; le chef-lieu de ce département est *Avignon*, grande ville, sur le Rhône, avec d'intéressants monuments, entre autres, le palais des papes ; on y remarque aussi *Carpentras* et *Orange*.

La PROVENCE est montagneuse au N. E., mais composée, vers le S., de coteaux riants et de plaines, dont les unes sont fertiles et agréables, et les autres désertes et stériles : telle est la plaine de la *Crau*, entre les bouches du Rhône et la lagune ou l'étang de *Berre*. On cultive, dans cette belle province, des oliviers, des orangers, des mûriers. On en a formé trois départements : 1° celui des **Bouches-du-Rhône,** dont les plus grandes villes sont *Marseille*, chef-lieu, la 3ᵉ de France, peuplée de plus de 200 mille âmes, située sur le golfe du Lion, et célèbre par son port, son commerce et son industrie ; *Aix*, qui fait un grand commerce d'huiles ; *Arles*, autrefois tres-importante, et remarquable par sa situation à l'endroit où le Rhône se divise pour former l'ile de la Camargue ; *Tarascon*, sur le Rhône, en face de Beaucaire. — 2° Le département des **Basses-Alpes**, dont le chef-lieu est la petite ville de *Digne*. On y distingue encore *Sisteron*. — 3° Le département du **Var**, sur les côtes duquel on trouve les îles d'*Hyères* et de *Lerins*, et dont les principales villes sont *Draguignan*, chef-lieu ; *Toulon*, avec un magnifique port militaire ; *Grasse*, connue par ses huiles, et *Hyères*, dont le climat est renommé par sa douceur.

Le ROUSSILLON s'étend sur la côte de la Méditerranée, à l'extrémité méridionale de la France. Il produit d'excellent vin. On en a formé le département des **Pyrénées-Orientales**, qui a pour chef-lieu la place forte de *Perpignan*. On y remarque *Port-Vendres* et *Collioure*, ports de mer.

La CORSE est une grande île de la Méditerranée, au N. de la Sardaigne, dont les *Bouches de Bonifacio* la séparent. Elle est presque partout couverte de montagnes et de forêts. Son sol est fertile dans les vallées, mais mal cultivé. Elle forme le département de la **Corse**, et a pour villes principales *Ajaccio*, chef-lieu, patrie de Napoléon Iᵉʳ ;

Bastia, ville forte, et ancienne capitale de l'île ; *Corté*, au centre du pays.

Gouvernement, administration, population, religion. — La France a un gouvernement monarchique, à la tête duquel est un empereur : il y a trois assemblées avec le concours desquelles il gouverne ; ce sont : le *Sénat*, le *Corps législatif* et le *Conseil d'Etat*.

Chaque département est divisé en arrondissements. Les arrondissements sont eux-mêmes divisés en cantons, qui se partagent en communes. Les départements sont administrés par des préfets ; les arrondissements le sont par des sous-préfets (excepté les arrondissements qui ont pour chefs-lieux les chefs-lieux mêmes des départements) ; les cantons ont à leur tête des juges de paix ; et les maires dirigent les communes.

La France est peuplée d'environ 36 millions d'habitants, qui professent en général la religion catholique.

Possessions hors d'Europe. — La France a ses principales colonies en Afrique, où elle possède l'*Algérie*, le *gouvernement du Sénégal*, quelques établissements dans la *Guinée supérieure*, l'île de la *Réunion* (autrefois *Bourbon*), l'île *Sainte-Marie*, celle de *Mayotte*, et quelques autres plus petites, près de Madagascar.

En Asie, elle a *Pondichéry, Karikal, Mahé, Chandernagor, Yanaon.*

En Amérique, les colonies françaises sont la *Guadeloupe*, la *Martinique* et quelques autres îles moins importantes de la chaîne des *Petites Antilles ;* — la *Guyane française*, dans l'Amérique méridionale ; — les petites îles de *Saint-Pierre* et *Miquelon*, près de la côte méridionale de Terre-Neuve.

Dans l'Océanie, enfin, la France possède les îles *Marquises*, la *Nouvelle-Calédonie*, et elle exerce son protectorat sur l'île *Taiti* et quelques petites îles voisines.

II.

ILES BRITANNIQUES

OU ROYAUME-UNI DE GRANDE-BRETAGNE ET D'IRLANDE.

Les îles Britanniques sont situées au N. O. de la France, dont elles sont séparées par la *Manche* et par le *Pas de Calais*. L'océan Atlantique les baigne à l'O. et au N., et il forme à l'E., entre ces îles et le Danemark, la mer du *Nord* ou d'*Allemagne*.

Les deux principales îles Britanniques sont la *Grande-Bretagne*, à l'E., et l'*Irlande*, à l'O. Elles sont séparées l'une de l'autre par la mer d'*Irlande* et par les détroits assez larges qu'on appelle *canal Saint-George* et *canal du Nord*.

La GRANDE-BRETAGNE comprend trois pays : l'*Angleterre*, le pays de *Galles* et l'*Écosse*.

L'ANGLETERRE forme la partie méridionale de l'île. Elle est entrecoupée de beaux pâturages, de champs bien cultivés et de parcs nombreux ; elle renferme au N. les montagnes du *Pic*, célèbres par leurs beautés naturelles ; elle est arrosée par la *Tamise*, au S E., l'*Humber*, au N. E., la *Mersey*, au N. O., et la *Saverne*, qui se jette dans le canal ou golfe de *Bristol*, au S. O. Un grand nombre de canaux et de chemins de fer la traversent dans tous les sens, et les arts, le commerce et l'industrie y sont partout florissants. Les villes principales sont : au N., *Newcastle*, célèbre par ses mines de charbon de terre ; *York*, recommandable par son ancienneté ; *Hull*, intéressante par son commerce, à l'embouchure de l'Humber ; *Manchester*, fameuse par ses nombreuses manufactures ; *Liverpool*, port célèbre, à l'embouchure de la Mersey ; — au centre, *Birmingham*, renommée pour ses manufactures d'armes ; *Oxford* et *Cambridge*, qui ont des universités célèbres ; — au S., LONDRES, grande et belle ville sur la Tamise, capitale de l'Angleterre et de tout le royaume des îles Britanniques, et peuplée de 2 millions et demi d'habitants ; *Douvres*, sur le Pas de Calais, en face de la ville française de Calais ; *Portsmouth* et *Plymouth*, ports de mer fameux, sur la Manche ; *Bristol*, riche par son commerce et son industrie, vers le golfe de son nom ; *Bath*, avec des eaux minérales célèbres.

Le pays de GALLES, à l'O. de l'Angleterre, est montagneux, stérile, mais riche en beautés naturelles. Ce pays n'a pas de capitale ; sa plus grande ville est *Merthyr-Tydvil*, au S.

L'ECOSSE occupe le nord de la Grande-Bretagne. Elle a, au centre et au N., des montagnes arides et sauvages, dont les plus remarquables sont les monts *Grampiens* ; au S., elle présente des plaines agréables et fertiles, qui sont séparées de l'Angleterre par les monts *Cheviot*, et qui sont arrosées à l'E. par le *Forth*, à l'O. par la *Clyde*. Elle est parsemée de lacs, dont le plus intéressant est le lac *Lomond*, à l'O. Les villes principales sont *Edimbourg*, capitale de l'Ecosse, au S. E., et *Glasgow*, la ville la plus peuplée de ce pays, et fameuse par ses manufactures, au S. O.

L'IRLANDE a un climat humide et un sol fertile, mais plein de fondrières, et entrecoupé de lacs, dont les plus remarquables sont les lacs *Erne* et *Neagh*, au N., et ceux de *Killarney*, au S. O. Elle est traversée par le *Shannon*, qui se perd dans l'océan Atlantique, sur la côte occidentale de l'île.

Elle est partagée en quatre provinces : au N., l'*Ulster*, où se trouvent les villes de *Londonderry* et de *Belfast* ; — à l'E., le *Leinster*, où l'on voit *Dublin*, capitale de l'Irlande, et *Kilkenny*, très-jolie ville ; — au S., le *Munster*, où sont *Cork*, remarquable par son port et son commerce ; *Limerick*, vers l'embouchure du Shannon, et *Waterford*, sur la Suir ; — enfin, à l'O., le *Connaught*, dont la plus grande ville est *Galway*, sur une baie du même nom.

Ces quatre provinces et les trois pays de la Grande-Bretagne sont divisés en *comtés*.

Plusieurs petites îles sont répandues autour des deux grandes îles Britanniques. Les plus remarquables sont : les *Orcades*, situées près et au N. de l'Ecosse, sous un climat humide; les îles *Shetland*, rocailleuses et stériles, au N. E. des Orcades; les *Hébrides*, montagneuses et d'un aspect sauvage, à l'O. de l'Ecosse; l'île de *Man*, au centre de la mer d'Irlande; *Anglesey*, fertile et agréable, au N. O. du pays de Galles; les *Sorlingues* ou *Scilly*, vers le cap *Land's End* (fin de terre), qui forme l'extrémité S. O. de l'Angleterre; l'île de *Wight*, située dans la Manche, et que son climat très-doux et son agréable aspect ont fait surnommer le *Jardin* de l'Angleterre.

Les îles *Anglo-Normandes*, dans la Manche, près des côtes de France, appartiennent aussi au royaume des îles Britanniques. Les principales sont *Jersey* et *Guernesey*.

Les îles Britanniques ont un gouvernement monarchique; le pouvoir du souverain est limité par le *Parlement*, qui se compose de deux assemblées : l'une est la *Chambre des pairs* ou *des lords*, dont les membres sont choisis par le roi; l'autre est la *Chambre des communes*, dont les membres sont élus par le peuple.

Les îles Britanniques renferment environ 28 millions d'habitants. Tout l'empire Britannique, avec les grandes possessions qu'il a hors d'Europe, en comprend environ 200 millions.

La religion dominante en Angleterre est la religion *anglicane*, qui est une division du christianisme : elle considère le souverain comme chef suprême de l'Eglise. En Écosse, règne la religion *presbytérienne*, qui n'admet ni chef suprême de l'Eglise, ni archevêques, ni évêques. Enfin les Irlandais sont la plupart catholiques.

Colonies et puissance extérieure. — Outre les îles Britanniques proprement dites, la Grande-Bretagne possède, en Europe, *Gibraltar*, *Malte*, *Helgoland*, et elle exerce un protectorat sur les *îles Ioniennes*. — En Asie, elle a la plus grande partie de l'*Hindoustan*, *Ceylan*, une partie de l'*Indo-Chine*, avec les îles de *Poulo-Pinang* et de *Singapour;* l'île de *Hong-kong*, en Chine; *Aden* et l'île *Périm*, dans l'Arabie; — en Afrique, la colonie du *Cap*, l'île *Maurice*, les *Séchelles*, *Sainte-Hélène*, l'*Ascension*, *Fernan-do-Po*, la côte de *Sierra-Leone*, *Cap-Corse* et d'autres points de la *Guinée supérieure;* la colonie de la *Gambie;* — en Amérique, le *Canada*, la *Nouvelle-Écosse*, le *Nouveau-Brunswick* et d'autres parties de la Nouvelle-Bretagne; *Terre-Neuve* et d'autres îles près du golfe de Saint-Laurent; la *Guyane anglaise*, le *Yucatan anglais*, les îles *Bermudes*, la *Jamaïque*, les *Lucayes* et plusieurs des *Petites Antilles* (la *Dominique*, *Sainte-Lucie*, la *Barbade*, la *Trinité*, etc.); — dans l'Océanie, la *Nouvelle-Galles méridionale*, la province de *Victoria* et d'autres parties de l'*Australie;* la *Tasmanie*, la *Nouvelle-Zélande* et plusieurs autres îles de l'Océanie méridionale.

III.

BELGIQUE.

La Belgique, comprise dans les bassins de la Meuse et de l'Escaut, est bornée au N. par le royaume des Pays-Bas, à l'E. par le même royaume et celui de Prusse, au S. O. par la France, et à l'O. par la mer du Nord.

Elle est agréablement parsemée de champs bien cultivés, de pâturages, de forêts. C'est, en général, un pays de plaines; cependant il y a aussi quelques montagnes, dont les plus remarquables sont celles des Ardennes. On y trouve les provinces de *Flandre occidentale*, *Flandre orientale*, *Anvers*, *Brabant méridional*, *Limbourg belge*, *Liége*, *Namur*, *Hainaut*, et *Luxembourg belge*.

Les villes les plus importantes sont *Bruges*, *Ostende*, *Gand*, *Anvers*, port célèbre sur l'Escaut, *Malines*, BRUXELLES, qui est la capitale de ce royaume, et près de laquelle est le village de *Waterloo*, fameux par une bataille en 1815 ; *Liége*, *Verviers*, *Namur*, *Mons*, *Tournay*. Dans le voisinage de ces dernières villes, on voit plusieurs lieux illustrés par les victoires des Français : ce sont particulièrement *Fleurus*, *Fontenoy*, *Jemmapes*.

Le gouvernement est monarchique. Le pouvoir du roi est limité par celui de deux chambres.

La population de ce royaume est de 4 à 5 millions d'âmes.

Les habitants sont généralement catholiques.

IV.

PAYS-BAS.

Le royaume des Pays-Bas, de Néderlande ou Néerlande, que souvent on appelle aussi Hollande, du nom de sa principale province, est borné au N. et à l'O. par la mer du Nord, au S. par la Belgique, et à l'E. par l'Allemagne.

Le sol est bas, humide, exposé aux inondations de la mer, et entrecoupé de canaux et de digues innombrables. Les Pays-Bas renferment le profond golfe du *Zuider-zee*, qui était autrefois un lac. Le *Rhin* et la *Meuse* l'arrosent au S., et s'y divisent en plusieurs branches. Ils ont formé pendant longtemps une république sous le nom de *Provinces-Unies*, et ensuite sous celui de *république Batave*. Ils comprennent les provinces de *Hollande*, *Utrecht*, *Zélande*, *Brabant septentrional*, *Gueldre*, *Over-Yssel*, *Frise*, *Drenthe*, *Groningue*, *Limbourg hollandais*, *Luxembourg hollandais*. On y remarque de nombreuses villes florissantes, comme *Amsterdam*, la plus grande ville du pays, fameuse par son commerce, et située sur l'*Y*, bras du Zuider-zee ; *Harlem*, près de l'emplacement d'un lac du même nom, qui a été desséché ; *Leyde*, connue par ses draps ; LA HAYE, capitale du royaume, dans une contrée charmante ; *Rotterdam*, place très-commerçante, sur la Meuse ; *Utrecht*, célèbre par deux traités ; *Bois-le-Duc, Nimègue, Groningue, Maestricht, Luxembourg*, places très-fortes.

Le gouvernement est monarchique. Le pouvoir du souverain est limité par deux chambres, qui prennent le nom d'Etats généraux.

Les habitants, au nombre d'environ 3 millions, professent en général le *calvinisme*, une des branches de la religion protestante.

Les Pays-Bas ont d'importantes colonies hors d'Europe. Les principales sont : en Afrique, quelques points de la *Guinée* ; — en Amérique, la *Guyane hollandaise, Saint-Eustache, Curaçao* et quelques autres Antilles ; — dans l'Océanie, *Java*, plusieurs autres îles de la *Sonde*, une partie de *Sumatra*, de *Bornéo*, de *Célèbes*, des *Moluques*. Les possessions océaniennes sont de beaucoup les plus importantes.

La population de toutes les colonies néerlandaises est de plus de 20 millions d'habitants.

V.

DANEMARK.

Le Danemark est baigné à l'O. par la mer du Nord, et à l'E. par la mer Baltique. Un large fleuve, l'*Elbe*, le borde vers le S.; il a une petite partie de ses possessions dans le N. de l'Allemagne.

Une portion importante de ce royaume forme une presqu'île, dont la partie méridionale, nommée le *Holstein*, est entrecoupée de gras pâturages et de champs bien cultivés ; on y trouve *Altona*, ville très-commerçante, sur l'Elbe. La partie septentrionale compose le *Jutland*, pays froid et peu fertile, couvert de sables et de bruyères. Le *Cattégat* s'étend à l'E. de cette presqu'île, et le détroit de *Skager-Rack* la baigne au N.

Plusieurs îles danoises sont répandues au S. E. du Jutland, entre le Cattégat et la mer Baltique. Les principales sont : 1° *Seeland*, agréable, fertile, et séparée de la Suède, à l'E., par le détroit du *Sund :* elle renferme la belle ville de COPENHAGUE, capitale du Danemark, et la petite ville d'*Elseneur*, intéressante par son commerce ; 2° *Fionie*, qui se trouve entre le détroit du *Grand-Belt*, à l'E., et celui du *Petit-Belt*, à l'O.

L'*Islande*, ou mieux *Island* (terre de glace), située au N. O. des îles Britanniques, dans l'océan Atlantique, et bien loin du Danemark, dépend de ce royaume. Elle est couverte de montagnes escarpées, stériles, continuellement revêtues de neiges et de glaces, et redoutables par leurs nombreux volcans. La plus célèbre de ces montagnes est l'*Hekla*, sur la côte méridionale.

La population du Danemark est d'environ 2 millions d'habitants.

Au S. E. de l'Islande, est le groupe considérable des îles *Færœer*, qui dépend aussi du Danemark.

Le *Groenland*, en Amérique, appartient également au Danemark, qui possède dans la même partie du monde l'île *Saint-Thomas* et quelques autres des *Petites Antilles*.

La religion des Danois est le *luthéranisme*, une des branches du protestantisme.

VI.

MONARCHIE SCANDINAVE.

La monarchie Scandinave se compose de deux grandes contrées : la *Suède*, à l'E., et la *Norvége*, à l'O. Elle forme une vaste presqu'île, qui est baignée au N. par l'océan Glacial arctique, à l'O. par l'océan Atlantique, au S. O. par le Skager-Rack, le Cattégat et le Sund, et à l'E. par la mer Baltique. Au N. E., elle tient à la Russie, vers laquelle elle a pour limite le fleuve *Torneå* [1].

La Suède et la Norvége sont séparées l'une de l'autre par la longue chaîne des monts *Dofrines*, qu'on appelle aussi *Alpes scandinaves*.

La SUÈDE est assez fertile au S., mais stérile au N.; elle est pleine de lacs, et entrecoupée de nombreuses rivières. Elle possède de riches mines de fer et de cuivre. Elle renferme dans le nord une portion de la *Laponie*, pays triste et froid, dont les habitants sont remarquables par leur petite taille. Elle contient encore, vers le nord, une partie de la *Botnie*, dont la Russie occupe le reste, et qui donne son nom à un grand golfe du N. de la mer Baltique. — Au milieu, la *Suède propre* comprend l'ancienne province de *Dalécarlie*, célèbre par ses mines de cuivre, la ville de STOCKHOLM, capitale du royaume, située agréablement sur le beau lac *Mælar*, près de la mer Baltique, et la ville d'*Upsal*, connue par son université. — Au S., s'étend la grande province de *Gothie*, qui est baignée par les lacs *Vener* et *Vetter*, et dont la plus grande ville est *Gothembourg*, au S. O.

La NORVÉGE est partout hérissée de montagnes escarpées, tantôt arides et nues, tantôt recouvertes de grandes

1. Cet *å* se prononce comme un o bref.

forêts de pins et de sapins. Elle est parsemée de lacs, et traversée par de nombreuses rivières, qui forment de belles cascades. Ses côtes, remplies de rochers, sont découpées par une infinité de golfes profonds. Elle a un climat très-froid, surtout au N., dans la *Laponie norvégienne*, qu'on appelle quelquefois Laponie *danoise*, car ce pays, comme toute la Norvége, a longtemps dépendu du Danemark : on n'y voit croître qu'une herbe maigre, des lichens, de la mousse ; mais on y possède un animal très-utile, le renne. La capitale de la Norvége est CHRISTIANIA, dans le S., au fond d'un golfe du même nom. La seconde ville du royaume est *Bergen*.

Près et au N. O. de la Norvége, on voit les nombreuses îles *Lofoden*, rocailleuses et stériles. Au S.-O. de ces îles, près desquelles on fait une grande pêche de morue, est le dangereux gouffre de *Malstrœm*. Au N.-E., est le cap *Nord*, qui forme l'extrémité septentrionale de la Norvége.

Dans la mer Baltique, à l'E. de la Gothie, on trouve les îles de *Gottland* et d'*OEland*, qui ont de belles forêts et de riantes prairies

L'autorité du roi de la monarchie Scandinave est limitée par deux *diètes* ou assemblées de députés, l'une pour la Suède, l'autre pour la Norvége.

Quoiqu'elle soit beaucoup plus grande que la France, cette monarchie renferme bien moins d'habitants : elle n'en a qu'environ 4 millions et demi, divisés en *Suédois*, *Norvégiens*, *Finnois* et *Lapons*.

La religion est le luthéranisme.

La Suède ne possède, hors de l'Europe, que la petite île de *Saint-Barthelemy*, aux Antilles.

(On désigne souvent le Danemark, la Suède et la Norvége réunis sous le nom d'*Etats scandinaves*.)

————

VII.

ALLEMAGNE

OU CONFÉDÉRATION GERMANIQUE.

L'Allemagne est une vaste contrée située au centre de l'Europe, à l'E. de la France, de la Belgique et des Pays-Bas, au nord de la Suisse et de l'Italie.

Elle est baignée au N. par la mer du Nord et la mer Baltique, au S. par l'Adriatique.

Elle est partagée entre 35 États, qui sont confédérés sous le nom de *confédération Germanique*. Quatre d'entre eux ont encore d'autres provinces hors de l'Allemagne : ces quatre Etats sont l'empire d'*Autriche*, le royaume de *Prusse*, le *Danemark* et les *Pays-Bas :* ce dernier royaume n'a sur le territoire allemand que le grand-duché de Luxembourg et le duché de Limbourg, et le Danemark y possède les duchés de Holstein et de Lauenbourg.

Les 31 autres États, entièrement compris en Allemagne, composent ce qu'on peut appeler l'*Allemagne intérieure*. Les principaux sont : au N., le royaume de *Hanovre*, le grand-duché d'*Oldenbourg*, le duché de *Brunswick*, les deux grands-duchés de *Mecklenbourg*, et les villes libres de *Brème, Hambourg* et *Lübeck ;* — au milieu, le duché de *Nassau*, le grand-duché de *Hesse*, l'*Électorat de Hesse* ou la *Hesse-Électorale*, la ville libre de *Francfort-sur-le-Main*, les quatre duchés de *Saxe* et le royaume de *Saxe ;* — au S., le grand-duché de *Bade*, le royaume de *Wurtemberg* et celui de *Bavière*.

L'Allemagne est, vers le S., couverte par les Alpes ; au S. O., par les montagnes de la *Forêt-Noire ;* au centre, par celles des *Pins* (*Fichtel-gebirge*) et celles de la *Thuringe ;*

à l'E., par les montagnes de la *Forêt de Bohême* et celles de l'*Erz-gebirge*, célèbres par leurs mines.

Au N., elle renferme les montagnes du *Harz*, renommées également par leurs mines ; mais elle offre aussi, dans cette partie, de vastes plaines marécageuses et froides.

Quatre fleuves, tributaires de la mer du Nord, arrosent l'O. et le centre de l'Allemagne ; ce sont : le *Rhin*, qui s'y grossit du *Necker*, du *Main*, de la *Moselle*, de la *Lahn* et de la *Lippe* ; l'*Ems*, qui a son embouchure près de la baie de *Dollart* ; le *Weser*, qui se forme par la réunion de la *Werra* et de la *Fulde* ; et l'*Elbe*, qui reçoit la *Mulde* et la *Saale*.

Au N. E., cette contrée est traversée par l'*Oder*, qui se rend dans la mer Baltique. Au S. E., coule le *Danube*, qui s'augmente de l'*Isar* et de l'*Inn*, et qui va, bien loin de l'Allemagne, se jeter dans la mer Noire. Enfin, on voit au S. l'*Adige*, qui se dirige vers la mer Adriatique.

Les villes les plus remarquables de l'Allemagne intérieure sont :

Au N., *Hambourg*, port de mer fameux par son commerce, sur l'Elbe, avec 150 000 âmes ; *Lübeck*, sur la Trave ; *Brème*, sur le Weser ; *Hanovre*, capitale du royaume du même nom ; *Gœttingue*, fameuse par son université ; *Osnabrück*, connue par le traité de paix de 1648 ; *Lunebourg*, qui a des salines renommées ; *Emden*, à l'embouchure de l'Ems ; *Brunswick*, capitale du duché du même nom.

Au milieu, *Darmstadt*, capitale du grand-duché de Hesse ; *Mayence*, dans un pays fertile en vins renommés, au confluent du Rhin et du Main ; *Cassel*, capitale de la Hesse-Électorale ; *Hanau*, intéressante par ses nombreuses manufactures, sur le Main ; *Francfort-sur-le-Main*, qui a des foires célèbres et fait un très-grand commerce ; *Weimar* et *Gotha*, les principales villes des duchés de Saxe, toutes deux remarquables par la culture des sciences et des lettres ; *Iéna*, près de Weimar, fameuse par son université et par une victoire des Français en

1806; *Dresde*, grande et belle ville, capitale du royaume de Saxe, sur l'Elbe; *Leipsick*, célèbre par son université, ses foires et son commerce de livres.

Au S., *Carlsruhe*, capitale du grand-duché de Bade; *Manheim*, au confluent du Necker et du Rhin; *Fribourg-en-Brisgau; Constance*, à l'endroit où le Rhin sort du lac du même nom; *Stuttgart*, capitale du royaume de Würtemberg; *Ulm*, sur le Danube; *Munich*, très-belle ville, capitale de la Bavière, sur l'Isar; *Augsbourg*, une des places les plus commerçantes de l'Allemagne; *Nuremberg*, où l'on a inventé les montres et les pendules, et où l'on fabrique beaucoup de mercerie, d'instruments de musique et de mathématiques, de jouets d'enfants, etc.; *Würzbourg*, sur le Main; *Ratisbonne*, sur le Danube; *Spire* et *Deux-Ponts*, dans une petite province bavaroise voisine de la France et qu'on appelle *cercle du Rhin* ou *Bavière rhénane.*

L'Allemagne formait autrefois un *empire*, qui a eu longtemps pour chefs les princes de la maison d'Autriche; aujourd'hui l'empereur d'Autriche est encore le plus puissant des souverains qui se partagent l'Allemagne; mais les autres Etats n'en sont pas moins indépendants, et régis par leurs lois particulières.

Les *diètes*, ou les assemblées composées des députés de toute la confédération Germanique, siégent à Francfort-sur-le-Main.

On compte environ 42 millions d'habitants dans cette contrée, qui est un peu plus considérable que la France. Ceux du S. sont généralement catholiques, et ceux du N., luthériens et calvinistes.

VIII.

ROYAUME DE PRUSSE,

MONARCHIE PRUSSIENNE OU ÉTATS PRUSSIENS.

La monarchie Prussienne comprend neuf provinces, dont trois à l'E., vers la Russie, ne se trouvent pas en Allemagne : ce sont les provinces de la *Prusse orientale*, de la *Prusse occidentale* et de *Posen* : elles sont basses, marécageuses, et parsemées de lacs, dont les plus grands sont le *Curische-Haff* et le *Frische-Haff*, près de la mer Baltique; le *Niémen* et la *Vistule* en sont les fleuves les plus remarquables.

Au milieu, on trouve les provinces de *Poméranie*, de *Brandebourg*, de *Saxe* et de *Silésie*, comprises dans l'Allemagne. Les deux premières sont plates, humides, et entrecoupées d'un grand nombre de lacs; les autres présentent quelques montagnes, abondent en gras pâturages, et sont riches en minéraux. L'*Oder*, qui reçoit la *Wartha*, et l'*Elbe*, qui se grossit du *Havel*, augmenté lui-même de la *Spree*, arrosent cette partie des Etats Prussiens.

A l'O., sont les provinces de *Westphalie* et du *Rhin*, qui se trouvent aussi en Allemagne : elles sont resserrées entre l'Allemagne propre, d'un côté, et les Pays-Bas, la Belgique et la France, de l'autre; leur sol est agréablement varié de collines et de vallées fertiles; elles sont arrosées par le *Weser*, le *Rhin* et la *Moselle*.

Les plus grandes villes de la monarchie Prussienne sont : à l'E., *Kœnigsberg*, sur le *Pregel*; *Dantzick*, sur un golfe du même nom, vers l'embouchure de la Vistule, avec un port très-fréquenté; — au milieu, BERLIN, capitale du royaume, située sur la Spree, et peuplée de plus de 400 000 habitants; *Potsdam*, dans une position agréable, sur le Havel ; *Francfort-sur-l'Oder*, qui a des foires renommées ; *Magdebourg*, place très-forte, sur l'Elbe ; *Halle*, fameuse par son université ; *Breslau*, ville de plus de 100 mille âmes, sur l'Oder ; *Stralsund*, sur la mer Baltique ; *Stettin*, sur l'Oder. — A l'O., *Munster*, connue par le traité de 1648 ; *Cologne*, sur le Rhin, remarquable par son antiquité, sa belle position, son grand commerce ; *Dusseldorf*, belle ville, sur le Rhin ; *Aix-la-Chapelle*, célèbre par la résidence de Charlemagne et par par ses eaux thermales ; *Coblentz*, qui tire son nom de sa position au *confluent* de la Moselle et du Rhin ; *Trèves*, la plus ancienne ville de l'Allemagne, sur la Moselle.

Le roi de Prusse règne avec le concours de deux chambres.

La population de ce royaume est d'environ 17 millions d'habitants.

La religion calviniste est la plus répandue ; il y a aussi beaucoup de catholiques et de luthériens. La langue allemande est parlée presque partout dans les Etats Prussiens : la langue polonaise l'est dans quelques parties de l'E.

IX.

EMPIRE D'AUTRICHE.

Cet empire, un peu plus grand que la France, possède de vastes territoires en Allemagne et en Italie ; mais il en a encore de plus considérables hors de ces deux pays. Il touche, vers l'O., à la Bavière et à la Suisse ; au N., à la Prusse et à l'empire de Russie ; à l'E., au même empire. Au S., les monts Carpathes, le Danube et la Save le séparent de la Turquie d'Europe ; il est aussi borné de ce côté par la mer *Adriatique*, dans laquelle il a un grand nombre d'îles.

Dans sa partie occidentale, c'est-à-dire en Allemagne, l'empire d'Autriche comprend la *Bohème*, la *Moravie* (avec la *Silésie autrichienne*), l'archiduché d'*Autriche* (comprenant le *pays au-dessous de l'Ens*, le *pays au-dessus de l'Ens* et le duché de *Salzbourg*), la *Styrie*, l'*Illyrie* et le *Tyrol*.

En Italie, c'est-à-dire au S. O., il possède le royaume *Lombard-Vénitien*.

Vers le centre, il renferme la *Hongrie* et le royaume de *Croatie* et d'*Esclavonie*.

Au S., sont : 1° les *Confins militaires* (composés de deux parties principales, la *Croatie militaire* et l'*Esclavonie militaire*); 2° la *Dalmatie*. — Au S. E., on trouve la *Transylvanie*, et au N. E., la *Galicie*, avec le grand-duché de *Cracovie*.

Les Alpes couvrent le S. O. de l'Autriche. Les monts *Carpathes* ou *Krapacks* s'étendent dans le N., le N. E. et l'E. Entre ces deux grandes chaînes, au centre de l'empire, coule le Danube, qui se dirige du N. O. au S. E., en s'augmentant du Vag, de la Theiss, de l'Inn, de l'Ens, de la Drave et de la Save. Il parcourt de vastes plaines, en général basses et marécageuses. — L'Elbe arrose la Bohème, c'est-à-dire le N. O. de la monarchie Autrichienne, et coule à travers un pays agréable et fertile. — Le Dniester et la Vistule, dans le N. E., arrosent quelques-unes des plaines marécageuses de la Galicie. — Vers le S. O. de l'empire, le Pô borde au S. les fertiles plaines du royaume Lombard-Vénitien, et va se jeter dans la mer Adriatique; l'Adige traverse la partie orientale du même royaume, après avoir parcouru la contrée montagneuse du Tyrol.

Le lac *Balaton* ou *Platten* s'étend dans la partie occidentale de la Hongrie; et les lacs de *Garde*, de *Côme* et *Majeur* embellissent le N. et le N. O. du royaume Lombard-Vénitien.

La capitale de l'Empire d'Autriche est VIENNE, située au milieu d'une plaine fertile, sur le Danube, dans la partie orientale de l'archiduché d'Autriche, et peuplée de 475 mille âmes. La ville proprement dite a des rues étroites et tortueuses ; mais les faubourgs sont très-beaux.

Prague, capitale de la Bohème, est une ville de 150 000 âmes, sur la *Moldau*.

Brunn est la capitale de la Moravie. Près de là est la petite ville d'*Austerlitz*, célèbre par une victoire des Français en 1805.

Gratz, capitale de la Styrie, est sur la Mur, dans un pays riche en mines de fer.

L'Illyrie a pour capitale *Laybach*, dans la *Carniole*; mais la plus grande ville est *Trieste*, port fameux, sur la mer Adriatique, dans l'*Istrie*; la *Carinthie* est comprise dans le nord de l'Illyrie.

Le Tyrol a pour capitale *Inspruck*, sur l'Inn, et renferme aussi *Trente*, célèbre par un concile du xvie siècle.

Les deux plus grandes villes du royaume Lombard-Vénitien sont *Milan*, capitale, à l'O., et *Venise*, à l'E.

Parmi les villes de la Hongrie, on remarque : au milieu, *Bude* ou *Ofen*, capitale, sur le Danube; *Pesth*, vis-à-vis de Bude, qu'elle surpasse beaucoup en population; *Schemnitz*, fameuse par ses mines d'or, d'argent et de plomb; — à l'O., *Presbourg*, ancienne capitale de la Hongrie, sur le Danube; — au N., *Tokay*, célèbre par ses vins; — à l'E., *Szegedin* et *Debretzin*.

Agram est la capitale du royaume de Croatie et d'Esclavonie.

Dans la Dalmatie, les villes principales sont : *Zara*, capitale, et *Raguse*, port célèbre, sur la mer Adriatique.

Dans la Transylvanie, pays montagneux, on remarque *Klausenbourg*, capitale, *Cronstadt* et *Hermanstadt*.

La Galicie a pour capitale *Lemberg*, et renferme, à l'O., *Wieliczka*, fameuse par ses mines de sel. *Cracovie*, autrefois capitale de la Pologne, plus tard république, enfin réunie à l'Autriche depuis 1846, est la capitale d'un grand-duché du même nom, annexé à la Galicie.

L'empereur qui gouverne cette grande monarchie a un pouvoir à peu près absolu. Il possède, comme on l'a vu, six contrées dans la *confédération Germanique*. Il règne sur plus, de 37 millions d'habitants, dont 8 millions seulement sont Allemands. Le reste se compose surtout de *Hongrois* ou *Magyars*, de *Slaves* et d'*Italiens*.

La religion catholique est la plus répandue.

X.

SUISSE.

Ce pays, qu'on appelle quelquefois *Helvétie*, est à l'E. de la France, au S. de l'Allemagne, et au N. O. de l'Italie. Le Rhin le borde au N.; les Alpes et le lac de Genève le limitent au S.; le Jura et le Doubs, à l'O.

Des montagnes escarpées hérissent presque partout cette contrée, célèbre par ses beautés naturelles. Les Alpes, surtout, offrent des monts très-élevés, couverts continuellement d'énormes amas de neige et de glace qu'on appelle *glaciers*, et d'où descendent souvent avec fracas, dans les vallées d'alentour, des masses de neige qu'on nomme *avalanches* : les principaux de ces monts sont le *Grand-Saint-Bernard*, célèbre par son hospice : le mont *Rosa*, le plus élevé de tous ; le *Simplon*, traversé par une belle route que les Français ont construite ; le *Saint-Gothard*, souvent compris, avec quelques montagnes voisines, sous le nom d'*Adula*.

Les principaux sommets du Jura suisse sont la *Dôle* et le mont *Tendre*.

La Suisse est entrecoupée d'un grand nombre de cours d'eau, qui presque tous forment des lacs renommés par les agréments de leurs rives. Le *Rhin* parcourt le N. E. du pays, et produit le grand lac de *Constance*. Le *Rhône* coule dans le S. O., et forme le beau lac *Léman* ou de *Genève*. L'*Aar* arrose l'O. et le N., et se perd dans le Rhin ; elle produit les lacs de *Thun* et de *Brientz*, et reçoit, à l'E., deux rivières remarquables : la *Reuss*, qui forme le lac de *Lucerne* ou des *Quatre-Cantons*, et la *Limmat*, qui traverse le lac de *Zurich*, à l'O., elle reçoit les eaux des lacs de *Bienne*, de *Neuchâtel* et de *Morat*.

La Suisse est une république, composée de 22 cantons confédérés. On en trouve 6 au N. : *Bâle, Soleure, Argovie, Zurich, Schaffhouse* et *Thurgovie;* — 5 au centre : *Lucerne, Zug, Unterwalden, Uri,* et *Schwitz* ou *Schwyz,* qui a donné son nom à la Suisse; — 4 à l'E. : *Saint-Gall, Appenzell, Glaris* et les *Grisons;* — 2 au S. : le *Tesin* et le *Vallais;* — 5 à l'O. : *Berne, Fribourg, Neuchâtel, Vaud* et *Genève.*

Les principales villes sont : au N., *Bâle,* très-commerçante, sur le Rhin; *Zurich,* dans une situation délicieuse, à l'endroit où le Limmat sort du lac de Zurich ; *Schaffhouse,* près d'une magnifique cataracte du Rhin. — Au centre, *Lucerne,* à l'endroit où la Reuss sort du lac des Quatre-cantons; *Zug,* près du mont *Morgarten,* où les Suisses remportèrent une célèbre victoire sur les Autrichiens, en 1315; et *Altorf,* qui rappelle Guillaume Tell. — A l'E., *Saint-Gall,* et *Coire,* chef-lieu du canton des Grisons. — Au S., *Sion,* chef-lieu du Vallais. — A l'O., *Berne,* belle ville, sur l'Aar ; *Neuchâtel, Fribourg,* et, près de là, *Gruyères,* connue par ses fromages ; *Lausanne,* chef-lieu du canton de Vaud, dans une charmante contrée, près du lac Léman; *Genève,* la plus grande ville de Suisse, située à l'endroit où le Rhône sort de ce lac, et fameuse par son commerce, ses fabriques d'horlogerie, les sciences qu'on y cultive et les grands hommes qu'elle a produits.

Chaque canton de la Suisse est indépendant, et forme une petite république particulière; il y a cependant quelques cantons qui sont partagés en deux ou trois républiques ; en réalité, il y a 27 républiques suisses; mais ce qui intéresse la confédération en général est réglé par une assemblée ou *diète,* qui siége tour à tour, pendant deux ans, à ZURICH, à BERNE et à LUCERNE. Aussi considère-t-on ces trois villes comme les capitales de la Suisse.

Les Suisses sont au nombre d'environ 2 millions et demi. Ils parlent français dans les cantons qui avoisinent la France, italien dans le voisinage de l'Italie, et allemand dans le reste du pays. La religion catholique est professée par les cantons du centre et du sud; le calvinisme est très-répandu dans les autres.

XI.

ITALIE ou ÉTATS ITALIENS.

L'Italie, à laquelle on rattache la *Savoie*, est située au S. de la Suisse et de l'Allemagne et au S.-E. de la France; elle se compose en grande partie d'une presqu'île longue et étroite, resserrée entre la mer Adriatique, à l'E., la mer Tyrrhénienne, à l'O., et la mer Ionienne, au S. : ces mers ne sont que des divisions de la Méditerranée.

La presqu'île a grossièrement la forme d'une botte. Au S.-E., entre le bout du pied de cette botte, qui est formé de la *Calabre*, et le talon, qui est la presqu'île *d'Otrante* et dont l'extrémité est marquée par le cap de *Leuca*, se trouve le grand golfe de *Tarente*. L'éperon, qui s'avance dans la mer Adriatique, est formée par le promontoire du mont *Gargano*.

Au N. O., on voit le golfe de *Gênes*.

L'Italie est célèbre par la beauté de son climat, la fertilité de son sol, la variété de ses sites enchanteurs, et le grand nombre de ruines intéressantes qu'elle présente partout. On y voit malheureusement quelques cantons très-malsains, tels que les marais *Pontins*, sur la côte occidentale.

Les Alpes, qui couvrent ce pays au N. O., y montrent des sommets couverts de neiges continuelles; on y distingue surtout le mont *Blanc*, élevé de 4800 mètres au-dessus du niveau de la mer, et le mont *Cenis*, traversé par une route célèbre.

Les *Apennins*, qui se rattachent aux Alpes, parcourent l'Italie dans sa longueur. Leur plus haut sommet est le mont *Corno* ou le *Gran-Sasso d'Italia*, situé vers le milieu de la chaîne.

Ils sont beaucoup moins élevés que les Alpes : sur quelques points, ils sont couverts de belles forêts ; dans d'autres endroits, leurs cimes se montrent dépouillées de verdure, et offrent un aspect triste et monotone.

Sur la côte occidentale, est le *Vésuve*, volcan célèbre, qui a englouti plusieurs villes sous ses laves et ses cendres.

Les Apennins et une portion des Alpes divisent l'Italie en deux grands versants : l'un exposé à l'E. et au S. E., vers la mer Adriatique et la mer Ionienne ; l'autre incliné à l'O., vers la mer Tyrrhénienne et le golfe de Gènes. Sur le premier, on ne trouve que deux fleuves principaux : l'*Adige*, et le *Pô*, grossi d'un grand nombre de rivières, telles que le *Tésin*, qui forme au pied des Alpes le charmant lac *Majeur* ; l'*Adda*, qui produit le lac de Côme ; l'*Oglio*, qui produit celui d'*Iseo*, et le *Mincio*, qui sort du grand lac de *Garde*.

Dans la partie occidentale, on remarque le *Rhône*, qui sépare un peu la Savoie de la France, après avoir formé le lac de Genève sur la limite de la Suisse ; l'*Arno*, qui arrose une contrée agréable et fertile ; le *Tibre*, célèbre parce qu'il baigne les murs de Rome ; enfin le lac de *Pérouse*, fameux autrefois sous le nom de *Trasimène*. Au centre même de l'Italie, sur un petit plateau entouré de tous côtés par les Apennins, on voit le lac *Fucino* ou de *Celano*.

Au S.-O. de l'Italie, est la grande île de *Sicile*, séparée du continent par le détroit nommé *Phare de Messine*, où l'on trouve le gouffre de *Charybde* et le rocher de *Scylla*. Elle est terminée par trois caps remarquables : le cap *Faro*, au N.-E. ; le cap *Passero* ou *Passaro*, au S.-E., et le cap *Boeo*, à l'O.

Le sol y est généralement fertile, et le climat, favorable aux fruits les plus délicieux; mais c'est un pays mal cultivé. L'île est parsemée de vallées riantes, entourée presque partout de collines nues.

Elle renferme aussi quelques hautes montagnes, dont la plus fameuse est l'*Etna*, volcan terrible, sur la côte orientale.

Près et au N. de la Sicile, sont les îles d'*Éole* ou de *Lipari*, qui renferment des volcans.

La petite île de *Malte*, remarquable par sa nombreuse population, et soumise à l'Angleterre, se trouve au S. de la Sicile.

A l'O. de la mer Tyrrhénienne, et au S. de la Corse, on voit l'île de *Sardaigne*, qui fait aussi partie de l'Italie. Elle est fertile, mais mal cultivée, peu salubre et peu peuplée. On fait sur ses côtes une pêche abondante de thons et de sardines.

L'Italie est partagée entre neuf États : le royaume de *Sardaigne*, la principauté de *Monaco*, le royaume *Lombard-Vénitien*, le duché de *Parme*, le duché de *Modène*, le grand-duché de *Toscane*, les *États de l'Église*, la république de *Saint-Marin* et le royaume des *Deux Siciles*.

Dans le ROYAUME DE SARDAIGNE, ou les ETATS SARDES, il y a deux parties distinctes : l'une sur le *continent*, l'autre formée par l'*île* de Sardaigne. La partie continentale est composée de plusieurs territoires situés dans le voisinage de la France; ce sont : le *Piémont*, où s'étendent des plaines fertiles en grains et en pâturages, et où l'on trouve TURIN, grande et belle ville, capitale des Etats Sardes, agréablement placée au confluent du Pô et la Doire Ripaire; — la *Savoie*, pays montagneux, d'un aspect pittoresque, et dont la capitale est *Chambéry;* — la division de *Nice*, riche en fruits délicieux, avec une ville du même nom, qui jouit d'un printemps perpétuel; — la division de *Genes*, qui fournit d'excellents fruits et de très-beaux marbres : le chef-lieu est une ville du même nom, célèbre port de mer, autrefois puissante république, et surnommée *la superbe*, à cause de la magnificence de ses nombreux palais. Elle se glorifie d'être la patrie de Christophe Colomb.

L'île de *Sardaigne* a pour capitale *Cagliari*.

La petite PRINCIPAUTÉ DE MONACO, enclavée dans la division de Nice, et protégée par le roi de Sardaigne, a une capitale du même nom.

Le ROYAUME LOMBARD-VÉNITIEN, situé à l'E. des États-Sardes, et compris dans l'empire d'Autriche, a de belles plaines, très-fertiles, mais malsaines en beaucoup d'endroits. Il est divisé en deux grandes parties : à l'O., la *Lombardie*, avec la belle ville de MILAN, capitale du royaume, et celles de *Pavie, Lodi, Crémone, Côme, Bergame, Brescia* et *Mantoue;* — à l'E., la *Vénétie* ou le territoire de *Venise*, qui a pour ville principale *Venise*, autrefois république fameuse, et bâtie au milieu des lagunes de la mer Adriatique; on y remarque aussi *Padoue, Vicence, Vérone, Trévise, Udine*.

Le DUCHÉ DE PARME, riche en vins, en céréales et en pâturages, a pour villes principales PARME, capitale, et *Plaisance*, place très-forte, au confluent de la Trebbia et du Pô.

Le DUCHÉ DE MODÈNE, situé à l'E. de celui de Parme, et en partie couvert de belles forêts, a pour capitale la jolie ville de MODÈNE; il renferme aussi *Reggio*, patrie de l'Arioste, *Massa*, et *Carrare*, renommée par ses marbres.

Le GRAND-DUCHÉ DE TOSCANE, au S. du duché de Modène, est un pays bien cultivé et industrieux : il est fertile et agréable au centre et à l'E.; mais, à l'O., la *Maremme*, qui borde la mer, est marécageuse et malsaine. Il a pour villes principales : au N., FLORENCE, capitale, située dans une vallée délicieuse, sur l'Arno, et célèbre par la culture des arts, des sciences, des lettres, par le séjour de l'illustre famille des Médicis, et par la naissance de Dante, de Michel-Ange, d'Améric Vespuce, etc.; au S., *Sienne;* à l'O., *Pise*, autrefois puissante république, et *Livourne*, port de mer fameux; au N.-O., *Lucques*, qui a été capitale d'un duché du même nom.

L'île d'*Elbe*, connue par ses mines de fer et par le séjour de Napoléon Iᵉʳ, dépend de la Toscane.

Les ÉTATS DE L'ÉGLISE, qui appartiennent au pape, oc-
cupent le milieu de l'Italie, et touchent à la fois à la mer
Adriatique et à la mer Tyrrhénienne. Ils sont assez fertiles en céréales et en fruits. Il y a beaucoup de mines
d'alun et de soufre, de beaux bois et de gras pâturages.
Ces Etats renferment plusieurs contrées célèbres dans
l'antiquité, entre autres le *Latium*. Leur capitale est ROME,
sur le Tibre, résidence du pape, et autrefois la plus puissante ville du monde : elle est remplie de monuments
qui attestent son ancienne grandeur, et renferme l'église
de Saint-Pierre, qui est peut-être le plus bel édifice moderne; mais cette célèbre cité, quoique très-grande, ne
contient que 150 000 habitants.— Dans le S. des Etats de
l'Eglise, aux environs de Rome, on remarque *Tivoli*, dans
une position charmante, près de jolies cascades que forme
le Teverone ; — *Civita-Vecchia*, port de mer.— Au milieu,
l'on voit *Pérouse*, *Urbin*, patrie du peintre Raphael ;
Ancône, port célèbre, sur la mer Adriatique. — Au N.,
on distingue *Ferrare*, *Bologne*, connue par son université,
Ravenne et *Rimini*.

La petite RÉPUBLIQUE DE SAINT-MARIN, enclavée dans
le N. des États de l'Eglise, et placée sous la protection
du pape, a une capitale du même nom.

Le ROYAUME DES DEUX-SICILES, qui occupe la partie
méridionale de l'Italie, comprend deux grandes divisions : le *royaume de Naples* et la *Sicile*.

Le royaume de Naples, situé au S. des États de l'É-
glise, est un pays fort beau mais sujet aux tremblements
de terre et à l'influence funeste du vent nommé *sirocco*.
La soie, le coton, le vin, la manne, la réglisse, des fruits
délicieux, en sont les principales productions. Il renferme, au N., les *Abruzzes*; le *Sannio*, qui remplace une
partie de l'ancien *Samnium*, et la *Capitanate*, où se trouve
le mont Gargano. — A l'O., la *Terre de Labour*, qui ré-
pond à l'ancienne et délicieuse *Campanie*, et où l'on remarque *Caserte* et *Capoue*; la province de NAPLES, dont

le chef-lieu est la grande et belle ville du même nom, capitale du royaume, peuplée de 450 mille âmes, et située dans une magnifique position, sur le golfe de Naples ; les *Principautés*, où l'on voit *Salerne*, sur le golfe du même nom. — A l'E., la *Terre de Bari* et la *Terre d'Otrante*, comprises autrefois ensemble sous le nom de *Pouille : Tarente* en est une des villes les plus célèbres. — Au S., la *Basilicate*, et la *Calabre*, dans laquelle est *Reggio*, sur le Phare de Messine.

La Sicile est divisée en plusieurs provinces, qui portent les noms de leurs chefs-lieux. *Palerme*, sur la côte septentrionale, est la capitale de cette île. *Messine*, au N.-E., est sur le détroit auquel elle donne son nom. *Catane* est sur la côte orientale. *Siracusa*, au S.-E., n'occupe qu'un très-petit espace de l'ancienne ville de *Syracuse*. *Girgenti*, au S.-O., est une ville misérable, bâtie sur les ruines de l'ancienne *Agrigente*.

La Valette, une des places les plus fortes du monde, est le chef-lieu de l'île de Malte, qui appartient aux Anglais.

Les Italiens professent la religion catholique, et sont au nombre de 21 millions, répandus sur un territoire qui est un peu plus de la moitié de celui de la France.

XII.

ESPAGNE.

L'Espagne forme, avec le Portugal, une vaste presqu'île, située à l'extrémité S. O. de l'Europe, et qui, bornée au N. E. par la France, est entourée, des autres côtés, par la Méditerranée et l'océan Atlantique. Le détroit de *Gibraltar*, qui unit ces deux mers, sépare la pointe méridionale de la péninsule de la pointe N. O. de l'Afrique : il s'appelait anciennement *détroit d'Hercule*, et les promontoires escarpés qui le resserrent se nommaient les *Colonnes d'Hercule*. Le cap *Finisterre* forme l'extrémité N. O. de cette presqu'île; le cap *da Roca* en est le point le plus occidental, et le cap *Creux* la termine au N. E.

L'Espagne est un peu moins grande que la France. Elle a une température très-chaude à l'E. et au S., douce et agréable à l'O., humide au N. O.

Elle est presque partout couverte de montagnes, dont les principales sont : les *Pyrénées*, qui la séparent de la France; les monts *Cantabres*, qui s'étendent dans le N. O., et qui tirent leur nom d'un ancien peuple très-belliqueux; les monts *Ibériques*, qui se prolongent du N. au S., depuis l'extrémité occidentale des Pyrénées jusqu'au détroit de Gibraltar, et qui portent au S. le nom de *Sierra Nevada*; enfin, la *Sierra Morena*, pleine de rochers escarpés, et située dans le S. O. de la contrée.

. Les monts Ibériques divisent l'Espagne en deux grands versants : 1° celui de l'E., exposé vers la Méditerranée, et arrosé par deux fleuves principaux, l'*Èbre* et le *Jucar*; 2° celui de l'O., incliné vers l'océan Atlantique, et arrosé par le *Miño* ou *Minho*, le *Duero* ou *Douro*, le *Tage*, la *Guadiana* et le *Guadalquivir*.

L'Espagne est divisée en 14 parties :

On trouve au N. O. : 1° la *Galice*, habitée par un peuple robuste, laborieux, plein de courage et de probité : on y remarque *Santiago* ou *Saint-Jacques-de-Compostelle*, célèbre par un pèlerinage; *La Corogne* et *Le Ferrol*, ports de mer importants; — 2° les *Asturies*, pays montagneux, dont la capitale est *Oviedo*; — 3° le royaume de *Léon*, dont les villes principales sont *Léon*, remarquable par sa belle cathédrale; *Salamanque*, célèbre par son université.

On remarque au N. : 1° la *Vieille-Castille*, riche en pâturages, où sont nourris des mérinos superbes : on y trouve *Burgos*, patrie du Cid, *Ségovie*, dont les draps sont renommés, et *Valladolid*; — 2° les trois provinces *Basques* (c'est-à-dire la *Biscaye*, le *Guipuzcoa* et l'*Alava*), riches en mines de fer, et habitées par des hommes vigoureux, fiers et irascibles : les principales villes sont *Bilbao, Saint-Sébastien*, port de mer, et *Vitoria; —* 3° la *Navarre*, hérissée de montagnes, et dont la capitale est *Pampelune*, place forte.

On voit au N. E. : 1° l'*Aragon*, dont *Saragosse*, grande ville, sur l'Èbre, est la capitale; — 2° la *Catalogne*, qui a la population la plus active de l'Espagne : on y remarque *Barcelone*, célèbre place forte et maritime, sur la Méditerranée, avec 200 000 âmes; *Lerida; Girone; Tortose*, sur l'Èbre, et *Tarragone*, sur la mer.

Au centre, est la *Nouvelle-Castille*, généralement un peu triste et moins fertile que le reste de l'Espagne; les habitants parlent l'espagnol le plus pur. On y distingue MADRID, capitale de l'Espagne, belle et grande ville, située sur le *Manzanarès*, et peuplée de 250 000 âmes; *Tolède*, intéressante par son ancienne importance, sur le Tage; *Ciudad-Real*, vers le S., dans le pays de la *Manche; Aranjuez*, l'*Escurial*, avec de célèbres châteaux royaux.

A l'E., se trouve le royaume de *Valence*, qui offre des campagnes riantes et fertiles, mais exposées au vent brûlant nommé *solano :* les principales villes sont *Valence*, surnommée *la belle*, et remarquable par sa délicieuse position et ses manufactures de soie; *Alicante*, située sur la Méditerranée, et célèbre par ses vins.

A l'O., est l'*Estrémadure*, très-fertile en blé, et surnommée le grenier de l'Espagne : *Badajoz*, sur la Guadiana, en est la capitale.

Au S., on voit : 1° le royaume de *Murcie*, qui jouit d'un ciel presque toujours serein, et dont les villes principales sont *Murcie*, dans l'intérieur du pays, et *Carthagène*, port de mer important sur la Méditerranée; — 2° l'*Andalousie*, qui abonde en fruits précieux, tels qu'oranges, citrons, limons, olives, grenades : les lieux les plus célèbres y sont : *Séville*, belle ville, sur le Guadalquivir; *Cadix*, place forte et port de mer, à l'extrémité N. O. de l'île de *Léon*, située dans l'océan Atlantique; *Cordoue*, sur le Guadalquivir, grande et florissante lorsque les Maures possédaient le S. de l'Espagne ; *Xerez*, connue par ses vins ; *Grenade*, dans une délicieuse vallée, et ornée de magnifiques monuments élevés par les Maures ; *Malaga*, renommée par ses vins ; *Gibraltar*, forteresse fameuse, possédée par les Anglais, et située sur une presqu'île qui s'avance dans le détroit de Gibraltar.

Près et à l'E. de l'Espagne, dans la Méditerranée, sont les îles *Baléares*, fertiles en fruits délicieux, et au nombre de trois principales : *Majorque*, *Minorque* et *Ivice*. *Palma*, dans l'île Majorque, est la capitale de cet archipel. *Mahon* ou *Port-Mahon* est le chef-lieu de *Minorque*.

L'Espagne est peuplée de 14 millions d'habitants ; leur religion est le catholicisme. Le gouvernement est monarchique ; il y a deux assemblées, formant les *cortès* : l'une est le sénat, l'autre la chambre des députés.

Les possessions espagnoles hors d'Europe se composent de *Cuba* et de *Porto-Rico*, dans les Antilles ; des îles *Philippines* et *Mariannes*, dans l'Océanie ; de *Ceuta*, de *Melilla* et de quelques autres places fortes sur la côte du Maroc, en Afrique.

XIII.

PORTUGAL.

Le Portugal est un petit royaume situé à l'O. de l'Espagne. Il se prolonge du N. au S., le long de l'océan Atlantique. Le climat y est doux et salubre, et le sol en est fertile. Le pays est entrecoupé de vallées riantes, de coteaux agréables et de quelques montagnes élevées, dont les plus remarquables forment la *Serra da Estrella*, vers le centre du royaume.

Le *Minho*, au N., sépare le Portugal de la Galice. Le

Douro et le *Tage* le traversent au milieu, et la *Guadiana* l'arrose au S. E.

La capitale de ce royaume est Lisbonne, grande et très-belle ville, avec un vaste port, à l'embouchure du Tage. Elle renferme 250 000 âmes.

C'est le chef-lieu d'une province appelée *Estrémadure*, comme une province d'Espagne.

Coimbre, au N. de Lisbonne, est la ville principale de la province de *Beira*, et possède une fameuse université.

Porto ou *Oporto*, à l'embouchure du Douro, est une grande ville renommée par ses vins. Elle s'appelait autrefois *Portus-Calle*, et c'est de ce nom que vient celui de Portugal.

Bragance, dans le N. E. du royaume, est le chef-lieu de la province de *Tras-os-Montes*, et a donné son nom à la famille qui règne aujourd'hui sur le Portugal.

A l'extrémité méridionale du royaume, est la province d'*Algarve*.

Le gouvernement du Portugal est monarchique; il y a deux chambres appelées *cortès*, comme celles d'Espagne. La religion est le catholicisme. Ce pays compte à peu près 4 millions d'habitants.

Le Portugal a eu d'immenses possessions, telles que le Brésil, une grande partie de l'Inde, etc. Mais aujourd'hui ses domaines hors d'Europe sont bien réduits. Les îles *Açores* et *Madère*, qui se rattachent à l'Afrique, ne sont pas considérées comme colonies, mais font partie intégrante de la métropole, sous le nom d'*îles adjacentes*. Les colonies proprement dites se composent de la capitainerie générale de *Mozambique*, de l'*Angola*, du *Benguela*, de la *Sénégambie portugaise*, des îles du *Cap-Vert*, de l'île du *Prince* et de celle de *Saint-Thomas*, en Afrique;— de *Goa* et de quelques autres établissements, dans l'Hindoustan;— de *Macao*, en Chine;— de quelques établissements à *Timor*, dans l'Océanie.

———————

XIV.

GRÈCE ET ILES IONIENNES.

La Grèce ou Hellas, longtemps soumise à l'empire Turc, forme aujourd'hui un royaume indépendant, renfermé entre l'Archipel, à l'E., la mer Ionienne, à l'O. et au S., et la Turquie, au N.

Elle se compose de deux parties : la *Grèce septentrionale*, et la presqu'île de *Morée* (l'ancien *Peloponnèse*); elles sont unies l'une à l'autre par l'isthme de *Corinthe*, resserré entre le golfe de *Lépante* (anciennement de *Corinthe*), à l'O., et celui d'*Athènes* ou d'*Egine* (ancien golfe *Saronique*), à l'E.

Peu de contrées ont des côtes aussi découpées : de toutes parts se présentent, en Grèce, des presqu'îles et des golfes : à l'E., on voit la presqu'île d'*Attique*, le golfe de *Nauplie* ou d'*Argolide*, la presqu'île d'*Argolide;* au S., les golfes de *Laconie* et de *Messénie*, la presqu'île de *Monembasie*, celle du *Magne* ou *Maina*, avec le cap *Matapan* (l'ancien promontoire *Ténare*), qui est la pointe la plus australe du continent européen, et la presqu'île de *Messénie;* à l'O., le golfe d'*Arcadia* ou de *Cyparisse.*

La chaîne *Hellénique* parcourt toute la Grèce du N. au S. Ses principales parties sont le *Pinde*, le *Parnasse*, l'*Hélicon*, le *Cithéron*, souvent nommés chez les anciens poëtes; et parmi ses branches, on remarque l'*Œta*, qui forme, avec l'Archipel, le fameux défilé des *Thermopyles*, le mont *Hymette*, célèbre par son excellent miel, le *Cyllène*, le mont *Lycée.*

On voit couler, à l'E. de la chaîne Hellénique, le *Mavronéro* (ancien *Céphisse*), qui se rend dans le lac *Topolias* ou de *Livadie* (nommé anciennement *Copais*), ainsi que le

Permesse, ruisseau fameux dans l'antiquité parce qu'il était consacré aux Muses.

A l'O., on remarque l'*Aspropotamo* (ancien *Achélous*); la *Rouphia* (anciennement *Alphée*), le plus grand cours d'eau de la Morée. — L'*Iri* (anciennement *Eurotas*), qui coule au S., était célèbre autrefois parce qu'il baignait les murs de Sparte.

La Grèce offre des aspects variés, des points de vue admirables. Le climat est doux et généralement salubre; cependant quelques parties des côtes et les rives du lac Topolias sont marécageuses et malsaines. L'agriculture est fort négligée, et cette contrée, quoique fertile, offre presque partout une population très-pauvre. L'olivier abonde, et il y a des vins et des raisins renommés, des cédrats, des limons, des oranges, du coton.

La Grèce est divisée en dix *nomes* ou départements, qui sont : dans la Grèce septentrionale, ceux d'*Attique-et-Béotie*, de *Phthiotide-et-Phocide*, d'*Acarnanie-et-Étolie;* — dans la Morée, ceux d'*Argolide-et-Carinthie*, d'*Akhaïe-et-Élide*, d'*Arcadie*, de *Messénie*, de *Laconie;* — dans l'Archipel, ceux d'*Eubée* et des *Cyclades*.

Athènes, capitale de la Grèce, est située sur les bords de l'Ilisse et du Céphise, deux petites rivières qui vont tomber, non loin de là, dans le golfe d'Athènes. Parmi les vestiges de l'antique splendeur de cette illustre cité, on distingue l'Acropolis ou citadelle, et le Parthénon ou temple de Minerve. — La petite ville du *Pirée* lui sert de port.

On rencontre encore dans la Grèce septentrionale : *Livadie*, près du lac de ce nom; — *Lépante* (l'ancienne *Naupacte*), vers l'entrée du golfe du même nom; — *Missolonghi* ou *Mésolonghi*, si fameuse par le siége qu'elle soutint contre les Turcs en 1825.

Près de la côte de l'Attique, on trouve, dans le golfe d'Athènes, l'île *Colouri* (fameuse autrefois sous le nom de *Salamine*), et, un peu plus au S., l'île d'*Égine* ou *Enghia*.

Dans la Morée, on distingue *Patras*, place forte, sur le

golfe du même nom ; — *Nauplie de Romanie*, place très-forte, sur le golfe de Nauplie ou d'Argolide ; — *Corinthe*, située près et au S. O. de l'isthme auquel elle donne son nom, vers le fond du golfe de Lépante ; — *Tripolitza* ou *Tripolis*, au centre de la presqu'île, vers l'emplacement de l'ancienne *Mantinée*, — *Arcadia* ou *Cyparisse*, sur le golfe du même nom ; — *Navarin*, avec un vaste port, dans lequel les flottes française, anglaise et russe remportèrent une grande victoire sur la flotte turco-égyptienne en 1827 ; — *Sparta*, petite ville nouvelle, bâtie sur les ruines de l'ancienne *Sparte* ; — *Mistra*, très-près des mêmes ruines ; — *Monembasic* ou *Nauplie de Malvoisie*, vers l'extrémité S. E. de la Morée.

La plus grande île de la Grèce est *Eubée*, *Égripos* ou *Négrepont*, avec la ville de *Négrepont* ou *Khalcis*, chef-lieu du département de l'Eubée, sur le détroit d'*Euripe*, qui sépare cette île de l'Attique.

Les *Cyclades*, c'est-à-dire les îles *rangées en cercle*, sont fort nombreuses; on y remarque : *Tino* ou *Tinos*, la plus verdoyante des Cyclades, et riche en bons vins ; — *Sdili*, îlot montagneux et stérile, qui est l'ancienne *Délos*, célèbre dans l'opinion des anciens par la naissance d'Apollon et de Diane, et considérée par eux comme le lieu le plus sacré des Cyclades ; — *Syra* (*Syros*), où se trouve l'importante ville d'*Hermopolis* ou *Syra*, chef-lieu du département des Cyclades ; — *Naxie* ou *Naxos*, la plus grande de ces îles ; — *Paros*, riche en beaux marbres ; — *Milo* (*Mélos*), célèbre par les belles antiquités qu'on y a découvertes ; — *Santorin* (*Théra*), riche en bons vins, mais souvent bouleversée par des tremblements de terre.

La Grèce a une population d'environ 1 million d'âmes. Son gouvernement est une monarchie constitutionnelle.

La religion grecque est celle de presque toute la nation.

La langue grecque moderne se rapproche beaucoup du grec ancien ; elle est belle, mais de grands maîtres ne lui ont pas encore donné de règles fixes.

Les **iles Ioniennes** sont répandues le long des côtes

occidentales et méridionales de la Grèce, et vers l'Albanie. Elles forment une petite république, protégée et à peu près possédée par l'Angleterre.

On y compte environ 220 000 habitants, presque tous d'origine grecque.

Ces îles produisent des olives, des vins et du coton.

La plus septentrionale et la plus importante est *Corfou* (l'ancienne *Corcyre*), avec une ville du même nom, siége du gouvernement de ces îles. — On trouve, au S. E. de Corfou, l'île de *Paxo*, une des moins considérables de la république.

Les autres sont l'île *Sainte-Maure* (l'ancienne *Leucadie*); —*Théaki*, petite île stérile, mais célèbre autrefois sous le nom d'*Ithaque*; — *Céphalonie* (anciennement *Céphallénie*), la plus grande des îles Ioniennes, et généralement belle et fertile; l'île de *Zante* (ancienne *Zacynthe*); et, vers l'extrémité de la Morée, l'île de *Cérigo* (l'ancienne *Cythère*), avec un sol pierreux et stérile.

XV.

TURQUIE D'EUROPE.

Cette contrée, un peu moins grande que la France, forme, avec la Grèce, la péninsule Turco-hellénique, qui est la partie la plus méridionale de l'Europe. Elle est au S. de l'Autriche, dont elle est séparée par la Save, le Danube, les monts Carpathes, et au S. O. de la Russie, vers laquelle elle a pour frontière le *Pruth*.

La partie septentrionale, ou la plus large, est baignée à l'O. par la mer Adriatique, et à l'E. par la mer *Noire* (*Pont Euxin*), le canal de *Constantinople* (*Bosphore de Thrace*), la mer de *Marmara* (*Propontide*), et le détroit des *Dardanelles* (*Hellespont*). La partie méridionale, très-rétrécie, est située entre la mer Ionienne, à l'O., la Grèce, au S., et l'*Archipel* ou la mer *Egée*, à l'E. Cette dérnière mer forme au N. O. le golfe de *Salonique*.

La Turquie d'Europe offre des aspects variés : au N., sur les bords du Danube, on voit de grandes plaines marécageuses. Au centre, on trouve de hautes montagnes, dont les plus importantes composent la chaîne des *Alpes orientales* et du *Balkan* (ancien *Hæmus*), qui se dirige de l'O. à l'E. et donne naissance à de nombreuses rivières, entre autres, à la *Maritza*, l'ancien *Hèbre*, tributaire de l'Archipel. Au S., le sol est aussi couvert de montagnes, telles que le *Pinde*, qu'on remarque dans l'intérieur du pays. Sur la côte de l'Archipel, on trouve le mont *Athos*, l'*Olympe*, l'*Ossa*, le *Pélion*. Au pied de ces montagnes, on rencontre quelques plaines agréables et des vallées pittoresques, comme celle de *Tempé*, arrosée par le *Pénée* ou *Salembria*, qui se jette dans l'Archipel.

Le climat est doux, salubre, et favorable à des productions précieuses, telles que les oranges, les citrons, les grenades, les olives, le vin, le coton, le tabac ; mais l'agriculture est fort arriérée.

La Turquie d'Europe n'est qu'une partie du vaste *empire Turc* ou *Ottoman*, qui s'étend aussi en Asie et en Afrique. Mais cet empire si étendu se compose, en grande partie, de contrées qui lui sont peu soumises.

Les contrées renfermées dans la Turquie d'Europe elle-même ne sont pas toutes complétement soumises à l'empire Ottoman : il y a au nord trois grandes principautés distinctes habitées par des Slaves et des Roumains, et qui ne sont que tributaires de cet empire ; en sorte que la Turquie d'Europe se partage en deux principales divisions : la *Turquie proprement dite*, et les *Principautés slaves et roumaines* ou *Principautés danubiennes*.

La **Turquie proprement dite** renferme la *Bulgarie*, la *Romélie*, la *Bosnie*, l'*Albanie* et la *Thessalie*.

La BULGARIE est comprise entre le Danube et le Balkan. La capitale est *Sophia* ; on y trouve aussi l'importante place maritime de *Varna*; *Viddin*, *Roustchouk*, *Silistri*, sur le Danube, et la célèbre place forte de *Choumla*.

La ROMÉLIE ou ROMANIE, qui correspond à l'ancienne *Thrace* et à l'ancienne *Macédoine*, s'étend entre le Balkan et l'Archipel. Elle renferme CONSTANTINOPLE, nommée en turc *Stamboul* (dans l'antiquité *Byzance*), capitale de l'empire Ottoman, et admirablement située à l'entrée méridionale du Bosphore de Thrace. Un bras du Bosphore, connu sous le nom de *Corne d'Or*, y forme un des ports les plus beaux et les plus sûrs du monde; il sépare Constantinople des grands faubourgs de *Péra* et de *Galata*. Parmi les principaux édifices, on remarque le sérail ou palais du Grand Seigneur; il est entouré de hautes murailles percées de huit portes, dont une est célèbre sous le nom de *Sublime Porte*[1]; on distingue aussi la mosquée de Sainte-Sophie. Cette capitale a environ 700 000 habitants.

Les autres villes les plus intéressantes de la Romélie sont : *Gallipoli*, sur la presqu'île du même nom; — *Salonique* (anciennement *Thessalonique*), ville très-commerçante, au fond du golfe du même nom; — *Andrinople*, qui a plus de 100 000 habitants, et qui occupe une des situations les plus riantes de la Turquie; — *Sérès*, dans un pays très-riche en tabac et en coton.

La BOSNIE est une province montagneuse, à l'angle N. O. de la Turquie d'Europe; elle est composée de la *Bosnie propre*, de la *Croatie turque* et de l'*Herzégovine*. Elle a pour capitale *Bosna-Séraï*.

L'ALBANIE est une longue province, qui s'étend du N. au S., entre la chaîne Hellénique, à l'E., et les mers Adriatique et Ionienne, à l'O. Elle correspond à l'ancienne *Épire* et à une partie de l'ancienne *Illyrie*. Des montagnes la couvrent presque partout. Les villes principales sont : *Ianina*, dans un canton délicieux; *Scutari*, sur un lac du

---

1. Voilà pourquoi, pour désigner le gouvernement turc, on dit souvent *la Sublime Porte* ou simplement *la Porte*.

même nom; et *Durazzo*, port célèbre autrefois sous le nom de *Dyrrachium*.

Dans le N. O. de l'Albanie, se trouve le petit pays de *Monténégro*, qui a secoué depuis longtemps le joug des Turcs et dont le gouvernement est un mélange de république et de monarchie. *Cettigne* en est la capitale.

La plus petite et la plus méridionale des provinces continentales turques est la THESSALIE, qui faisait anciennement partie de la Grèce, et qui est baignée par l'Archipel. C'est un pays fertile et délicieux; la ville principale est *Larisse*, sur la Salembria.

Au S. de l'Archipel et au S. E. de la Morée, la Turquie possède l'île de CANDIE ou CRITI (ancienne *Crète*), qui s'allonge de l'E. à l'O. C'est un pays fertile et beau, mais généralement pauvre aujourd'hui. Au centre, s'élève le mont Ida.

La capitale est *Candie*, sur la côte septentrionale. On y remarque aussi le port commerçant de *La Canée*.

La plus septentrionale des **Principautés slaves et roumaines** est la MOLDAVIE, qui est baignée au S. E. par le Danube, et qui s'avance de ce côté jusqu'à la mer Noire.

La capitale est *Iassi*. On y remarque la commerçante ville de *Galatz*, sur le Danube.

La seconde principauté est la VALACHIE, couverte au N. par les Carpathes, et bordée par le Danube à l'O., au S. et à l'E.

La capitale est *Boukharest*, peuplée de 130 000 habitants. — Au S., sur le Danube, on distingue la place forte de *Giurgévo*.

La SERVIE ou SERBIE est la troisième principauté tributaire des Turcs. Elle s'étend sur la rive droite du Danube et de la Save, et a pour capitale *Belgrade*, à la jonction de ces deux cours d'eau.

Gouvernement, religion, habitants. — Les Turcs, qu'on appelle aussi *Osmanlis* ou *Ottomans*, sont mahométans de la secte d'Omar; la règle de leur foi est le *Koran*. Le gouvernement est monarchique, mais n'est plus despotique, comme autrefois. L'empereur a le titre de *sultan*, de *Grand Seigneur* ou de *Grand Turc*; il est en même temps souverain pontife. Le *grand vizir* est le lieutenant du sultan en tout ce qui concerne le pouvoir temporel, et le *mufti* ou grand prêtre, en tout ce qui a rapport au spirituel. Les *oulémas* sont les docteurs chargés de l'interprétation du Koran. On donne le nom de *divan* au conseil d'Etat, composé du mufti, du grand vizir et d'autres ministres ou personnages importants.

Les peuples, les cultes et les langues sont très-variés dans la Turquie d'Europe; sur 15 millions d'habitants, il n'y a qu'un peu plus de 2 millions de *Turcs*. Les autres nations principales sont : les *Slaves*, au nombre de 6 millions, divisés en *Serbes* ou *Serviens*, *Bulgares*, *Bosniaques*, etc.; — les *Valaques* et les *Moldaves*, qu'on désigne ensemble sous le nom de *Roumains*; — les *Albanais* ou *Arnautes*; — les *Grecs* ou *Hellènes*. — Il y aussi un assez grand nombre de *Bohémiens* ou *Zigueunes*.

On ne compte dans cette contrée que 4 millions de musulmans; il y a près de 11 millions de chrétiens, presque tous de la religion grecque.

Possessions hors d'Europe. — Les possessions que la Turquie a hors de l'Europe se divisent en possessions immédiates de l'empire et en territoires qui n'en reconnaissent que la suzeraineté.

Les premières composent la TURQUIE D'ASIE, où se trouvent : 1° l'*Asie Mineure*, c'est-à-dire l'Anatolie, la Caramanie, les territoires de Roum, de Trébizonde, etc., 2° l'*Arménie turque*; 3° le *Kurdistan* (ancienne Assyrie); 4° l'*Al-Djézireh* (l'ancienne Mésopotamie); 5° l'*Irac-Arabi* (l'ancienne Babylonie); 6° la *Syrie* (y compris la Palestine).

Les parties qui ne reconnaissent que la suzeraineté de l'empire Ottoman sont : en Asie, plusieurs petits États de l'O. et du N. de l'*Arabie*; — en Afrique la vice-royauté d'*Égypte*, avec les territoires qui en dépendent en *Nubie*, dans l'*Abyssinie* et le *Kordofan*; enfin les régences de *Tripoli* et de *Tunis*.

XVI.

RUSSIE D'EUROPE.

Cette contrée est la plus grande de l'Europe, dont elle occupe la partie orientale. Elle est baignée au N. par par l'océan Glacial arctique, qui forme sur ses côtes un golfe profond appelé mer *Blanche*. Elle est bordée au S. par les hautes montagnes du Caucase, et par la mer *Noire*, dont un enfoncement remarquable prend le nom de mer d'*Azov*. Au S. O., elle touche à la Turquie; — à l'O., à l'Autriche, à la Prusse, à la Suède et à la Norvége : la mer Baltique, qui la borne aussi de ce côté, y produit deux grands avancements, le golfe de *Finlande* et le golfe de *Livonie* ou de *Riga*. — Au S. E., la mer Caspienne, et, à l'E., le fleuve Oural et les monts Ourals, la séparent de l'Asie.

La Russie d'Europe offre presque partout de vastes plaines, qui sont, au N., froides et stériles; à l'O. et au centre, fertiles, mais souvent marécageuses et semées de petits lacs; au S., riches en blé et en pâturages; au S.-E., sablonneuses, désertes et imprégnées de sel; à l'E., couvertes de belles forêts. Les seules montagnes remarquables qui rompent l'uniformité de ces plaines sont, au N. O., les *Alpes scandinaves*; à l'O., les monts *Valdaï*; au S. E., le *Caucase*, où se trouvent les sommets les plus élevés de l'Europe; et, à l'E., les monts *Ourals* ou *Poyas*, qui sont riches en mines d'or, de platine et de cuivre.

De grands fleuves parcourent la Russie d'Europe : au N., on voit la *Dvina septentrionale* et l'*Onéga*, qui vont se jeter dans la mer Blanche, et la *Petchora*, qui se perd directement dans l'océan Glacial. Au centre et au S. E., coule le *Volga*, le plus long et le plus poissonneux des fleuves d'Europe : il se rend dans la mer Caspienne par une foule d'embouchures. Au S., le *Don*, que les anciens appelaient *Tanaïs*, se jette dans la mer d'Azov. Le *Dniepr* ou l'ancien *Borysthènes*, et le *Dniestr* (en allemand *Dniester*) parcourent le S. O., et débouchent dans la mer Noire. A l'O., on remarque la *Dvina méridionale*, qui se perd dans le golfe de Riga, et le *Niémen* et la *Vistule*, autres tributaires de la mer Baltique.

C'est dans la Russie que sont les plus grands lacs de l'Europe. Le plus vaste de tous est le *Ladoga*, d'où sort, vers le S. O., un large cours d'eau nommé *Néva*, tributaire du golfe de Finlande. Le lac *Onéga* est au N. E. du Ladoga, et le lac *Saïma*, au N. O. Les lacs *Ilmen* et *Peipous* sont un peu plus au S.

La Russie d'Europe se divise en 50 gouvernements, sans compter le royaume de Pologne, le grand-duché de Finlande, et les deux républiques militaires des Cosaques.

On remarque, 1° au N., le gouvernement d'*Arkhangel*, dont dépendent les îles froides et stériles de la *Nouvelle-Zemble*.

2° Au N. O., on trouve le grand-duché de *Finlande*, avec les îles d'*Aland*, la ville d'*Helsingfors*, capitale de ce grand-duché, et la ville d'*Abo*; — le gouvernement de *Saint-Pétersbourg*, ou simplement *Pétersbourg*, avec la magnifique ville de SAINT-PÉTERSBOURG, capitale de l'empire Russe, à l'embouchure de la Néva et peuplée de plus de 500 000 habitants; — le gouvernement d'*Esthonie*; — le gouvernement de *Livonie*, où se trouve la florissante ville de *Riga*.

3° A l'O., sont les gouvernements de *Vilna* et de *Kiev*, avec des villes de même nom; — et le royaume de *Pologne*, dont la capitale est *Varsovie*.

Au centre, le gouvernement de *Moscou*, avec la grande et magnifique ville du même nom, considérée comme la seconde capitale de la Russie ; — le gouvernement de *Toula*, dont le chef-lieu, nommé aussi *Toula*, est célèbre par ses manufactures d'armes ; — le gouvernement de *Vladimir*, etc.

4° Au S., le gouvernement de *Poltava*, qui fut le théâtre d'une grande bataille gagnée par Pierre le Grand, empereur de Russie, sur Charles XII, roi de Suède ; — la *Bessarabie*, qui touche à la Turquie d'Europe ; — le gouvernement de *Kherson*, qui s'étend sur la côte de la mer Noire, et où l'on trouve les fameux ports d'*Odessa* et de *Nikolaev* ; — le gouvernement de *Tauride*, qui renferme la presqu'île de *Crimée*, montagneuse et agréable vers le S., mais basse, malsaine et sablonneuse, dans le N.; l'isthme de Pérékop l'unit au continent; sur la côte S. O. est *Sévastopol*, célèbre par le siége qu'en ont fait les Français et les Anglais en 1854 et 1855.

5° Au S. E., le pays des *Cosaques du Don* ; — celui des *Cosaques de la mer Noire* ; — le gouvernement d'*Astrakhan*, où le Volga se jette dans la mer Caspienne, et où l'on voit la ville d'*Astrakhan*, célèbre par son commerce de fourrures ; — la *Circassie*, située sur le versant septentrional du Caucase et habitée par un grand nombre de peuplades guerrières, à peu près indépendantes.

6° A l'E., le gouvernement de *Kazan*, dont le chef-lieu porte le même nom ; — le gouvernement de *Perm*, riche en mines de cuivre, de platine et d'or ; — le gouvernement d'*Orenbourg*, avec une florissante ville du même nom.

L'empereur de Russie a une autorité absolue. Il règne sur près de 68 millions de sujets, dont 62 millions sont dans la Russie d'Europe Outre les habitants d'*origine slave*, dont font partie les *Russes* et les *Polonais*, on trouve encore, dans cette contrée, des *Finnois*, au N. O.; des *Lithuaniens*, à l'O. ; des *Lapons* et des *Samoïedes*, au N. ; des *Permiens*, des *Syrianes*, des *Bachkirs*, à l'E.; des *Cosaques* et des *Kalmouks*, au S. E. ; les *Tatares de Crimée*, au S.

La religion dominante est la *religion grecque*, une des trois grandes branches du christianisme.

Les possessions de la Russie hors d'Europe sont : 1° la *Sibérie* dans le N. de l'Asie ; 2° la *Transcaucasie*, dans l'O. de la même partie du monde, sur le versant méridional du Caucase, entre la mer Noire et la mer Caspienne ; 3° la *Russie américaine*, dans le N. O. de l'Amérique septentrionale.

DEUXIÈME PARTIE.

AFRIQUE.

I.

AFRIQUE SEPTENTRIONALE

(CORRESPONDANT A L'AFRIQUE CONNUE DES ANCIENS.)

Les anciens connaissaient, en Afrique, l'*Égypte*, l'*Éthiopie au-dessus de l'Egypte*, la *Libye maritime* (divisée en *Cyrénaïque* et *Marmarique*), l'*Afrique propre*, la *Numidie*, la *Mauritanie*; ils avaient quelques vagues notions sur la *Libye intérieure* et l'*Éthiopie intérieure*. Leurs connaissances étaient généralement restreintes au N. de l'équateur, et s'étendaient surtout vers le Nil et la Méditerranée.

Trois pays modernes sont situés dans la *région du Nil et de la mer Rouge :*
On voit d'abord, au N., entre la mer Rouge et la Méditerranée, l'EGYPTE, fécondée par les débordements périodiques du Nil, qui la traverse du S. au N., et dont la vallée y est resserrée entre la chaîne Arabique, à l'E., et la chaîne Libyque, à l'O. Elle est fameuse par son ancienne civilisation, par ses intéressantes ruines, et gouvernée par un pacha ou vice-roi qui est tributaire de l'empereur de Turquie. Elle est divisée en *Haute*, *Moyenne* et *Basse-Égypte*. C'est dans cette dernière que sont les villes les plus importantes du pays : *Le Caire*, capitale, sur le Nil, probablement la plus grande ville d'Afrique, et peuplée de 300 000 habitants; *Alexandrie*, port célèbre, sur la Méditerranée, et principal entrepôt du commerce maritime de l'Egypte; *Rosette*, *Damiette*, situées chacune à

l'embouchure de l'une des deux principales branches du Nil, qui forment le Delta; *Aboukir*, place forte, sur la Méditerranée; *Suez*, port sur la mer Rouge. — On remarque *Gizeh* et *Minieh*, dans la Moyenne-Egypte; — *Syout* et *Girgeh*, dans la Haute-Egypte. Parmi les anciens monuments si nombreux, on distingue ceux des ruines de *Thèbes* et de *Denderah*, dans la Haute-Egypte, et les *Pyramides*, vers l'emplacement de *Memphis*, à peu de distance du Caire.

Tout ce qui, en Egypte, se trouve loin de la vallée ou du delta du Nil, est stérile et désert, excepté quelques oasis, dont les principales sont : la *Grande Oasis*, la *Petite Oasis* et l'oasis de *Syouah* (l'ancienne oasis d'*Ammon*), à l'ouest. La population est de 3 à 4 millions d'habitants.

Plusieurs peuples habitent cette contrée : la masse de la population est formée des *Égyptiens proprement dits*, descendants des anciens Egyptiens, et qui se divisent en *Égyptiens musulmans* et *Égyptiens chrétiens*; ces derniers sont plus connus sous le nom de *Coptes*. — Les habitants les plus nombreux ensuite sont les *Arabes*, dont la langue est même devenue la langue générale du pays; les uns sont sédentaires, et les autres nomades. — Il y a un assez grand nombre de *Turcs*. — Les autres habitants sont des *Grecs*, des *Arméniens*, des *Juifs*, des *Francs*, c'est-à-dire des *Européens*, et enfin des *Mamelouks*. Ces derniers n'étaient d'abord que des esclaves géorgiens et circassiens; mais ils formèrent peu à peu toute la force militaire de l'Egypte, et finirent par exercer sur les anciens habitants un pouvoir tyrannique, auquel l'expédition des Français, en 1798, mit un terme.

L'Egypte est dans une situation physique très-remarquable, qui la rend propre à être le lien du commerce entre l'Afrique et l'Asie, entre l'Europe et l'Inde : on a cherché plusieurs fois à unir la Méditerranée à la mer Rouge, par des voies de communication : les anciens rois Nékhao et Ptolémée-Philadelphe avaient fait creuser, du Nil au golfe de Suez, un canal qui a été comblé par les sables; aujourd'hui on s'occupe de l'établissement d'un canal qui joindrait directement la Méditerranée à la mer Rouge, en coupant l'isthme entre l'emplacement de Péluse et Suez.

Au sud de l'Égypte, on remarque la Nubie, partagée entre un grand nombre de divisions, dont les plus considérables sont : le *Dongolah*, avec la ville de *Marakah* ou *Nouveau-Dongolah*; le *Halfáy*, dont la ville principale est *Khartoum*, au confluent des deux Nils; le *Sennár*, avec une capitale du même nom, sur le Nil Bleu; le *Fazokl*, avec la ville de *Mohammed-Ali-polis*, aussi sur le Nil Bleu. On comprend quelquefois le sud de la Nubie dans le *Soudan oriental*. La partie orientale de cette contrée renferme le grand désert de *Korosko* et le port de *Souakem*.

La plupart des habitants de la Nubie sont d'origine arabe. Cependant il s'y trouve aussi, surtout dans la partie méridionale, des *Nubiens* proprement dits, qui sont entièrement noirs, mais qui n'ont ni le nez aplati, ni les joues proéminentes des nègres.

Au sud-est de la Nubie, est l'Abyssinie, pays montagneux et pittoresque, divisé en plusieurs États, parmi lesquels on distingue celui d'*Amhara*, qui a pour capitale *Gondar*, et dont les *Gallas* sont les maîtres; celui de *Tigré*, capitale *Adoueh*; celui de *Choa*, capitale *Ankober*. On y remarque aussi, sur la mer Rouge, le pays de *Dankali* et celui de *Samhara*, avec la ville d'*Arkiko* (ancienne *Adulis*), et la ville maritime de *Massouah*, qui appartient au pacha d'Egypte. Les Gallas, maîtres aujourd'hui d'une grande partie de l'Abyssinie, sont venus de l'intérieur de l'Afrique; ils se distinguent des nègres proprement dits par leurs cheveux longs et par un teint beaucoup moins noir.

Les Abyssins proprement dits, qui se nomment euxmême *Iliopavan* (Ethiopiens) ou *Agazian*, ont le teint à peu près noir; ils se rattachent cependant à la race blanche par les traits de leur visage. Quoique entourés de toutes parts de peuples mahométans ou païens, ils professent le christianisme.

On peut rattacher à cette région du Nil et de la mer Rouge le SOMAL ou le pays des SOMALIS, qui comprend la partie la plus orientale de l'Afrique, c'est-à-dire les contrées qu'on a longtemps désignées peu exactement sous les noms de royaume d'*Adel* et de côte d'*Ajan*. Les Somàlis sont d'origine arabe, ils ont pour ports principaux *Zeilah* et *Barbora*. Le royaume d'*Hourour* ou *Harar*, à l'ouest, est compris dans le Somâl, où l'on remarque aussi la tribu des *Adali*, qui a donné lieu à la dénomination de royaume d'*Adel*.

La BARBARIE, appelée aussi *Maghreb-el-Acsa* (extrémité de l'occident), est une longue contrée qui s'étend de l'E. à l'O. sur la côte méridionale de la Méditerranée; elle est couverte, dans sa partie occidentale, par le mont *Atlas*, qui établit dans cette région trois divisions distinctes : au nord; le *Tell*, riche en blé; au milieu, les *plateaux*, riches en pâturages; au sud, le désert, qui forme le *Sahara barbaresque*. Les pays barbaresques se composent de quatre parties : la régence de *Tripoli*, la régence de *Tunis*, l'*Algérie* et l'empire de *Maroc*.

La régence de **Tripoli,** la plus orientale de ces divisions, est très-étendue, mais peu peuplée, et gouvernée par un pacha qui reconnaît la suzeraineté de l'empereur de Turquie; elle se compose du *Tripoli proprement dit,* du gouvernement de *Benghazy* (comprenant le désert de *Barcah*) et du royaume de *Fezzan*; la capitale est *Tripoli*, sur la Méditerranée; les autres villes principales sont : *Benghazy*, ville maritime; *Ghadamès*, dans une oasis, et *Mourzouk*, capitale du Fezzan, toutes deux rendez-vous de grandes caravanes.

La régence de **Tunis,** qui s'étend du N. au S., à l'O. des golfes des Syrtes, est gouvernée par un bey, dont

la nomination doit être sanctionnée par l'empereur de
Turquie; la capitale est *Tunis*, près d'un golfe du même
nom et vers l'emplacement de l'ancienne *Carthage*.

L'**Algérie**, importante colonie française, s'allonge de
l'E. à l'O., en face de la France; elle offre les golfes
de *Bône*, de *Stora*, de *Bougie*, la rade d'*Alger*, les golfes
d'*Arzeu* et d'*Oran*.

La chaîne de l'*Atlas* la parcourt de l'ouest à l'est, et
s'y divise en plusieurs branches, dont quelques-uns des
points principaux sont le *Jurjura*, qui s'avance vers la
mer, et le *Mouzaia*, célèbre par ses mines de cuivre.

L'Algérie est, comme toute la Barbarie occidentale, divisée physiquement en trois parties : 1° la côte, qu'on
appelle ordinairement le *Tell*, et qui est surtout fertile en
céréales (froment, orge, mais, riz); — 2° les *plateaux*,
renfermés entre les deux massifs montagneux, et riches
particulièrement en pâturages;—3° le *Sahara algérien*, qui
est une espèce de désert sablonneux, mais parsemé d'oasis
abondantes en excellents fruits, tels que grenades, pêches,
abricots, figues, amandes, olives, raisins, et surtout
dattes; aussi donne-t-on à une grande partie de cette
zone méridionale le nom de *Beled-el-Djeryd* (pays des
dattes). Il s'y trouve plusieurs grands lacs salés, souvent
à sec et n'offrant alors qu'une croûte de sel et de sable;
le plus considérable est le *Melghigh*.

Parmi les cours d'eau qui, descendus de l'Atlas, se
rendent dans la Méditerranée, les principaux sont, de
l'est à l'ouest : la *Medjerda*, (ancien *Bagradas*), la *Seibouse*, l'*Ouad-el-Kebir*, qui reçoit le *Rummel*; l'*Adouse*,
le *Chélif*, la *Tafna*, qui a pour tributaire l'*Isly*, célèbre
par une bataille gagnée par le maréchal Bugeaud sur les
Marocains, en 1844. Parmi ceux qui se perdent dans les
lacs salés de la zone méridionale, ou dans les sables du
désert, on remarque l'*Ouad-el-Djeddi*, tributaire du lac
Melghigh.

La population de l'Algérie est évaluée à 3 millions d'habitants, qui appartiennent à trois souches principales :

les *Maures*, les *Arabes*, et les *Berbers* ou *Kabayles* (au singulier, Kabyle). Les Maures paraissent provenir d'un mélange d'anciens Mauritaniens et d'anciens Numides avec les Phéniciens, les Romains et les Arabes, et descendent en partie d'un grand nombre d'aventuriers venus de la côte européenne; ils habitent les villes et les plaines cultivées.

Les Arabes, sortis de l'Asie depuis l'établissement du mahométisme, sont ou Bédouins (nomades) ou cultivateurs des arbres fruitiers des oasis.

Les Berbers ou Kabayles sont les descendants les plus purs des aborigènes de la contrée (les Numides, les Mauritaniens, les Libyens, les Gétules); ils sont ou nomades, ou livrés à la culture des céréales, ou quelquefois habiles ouvriers dans les travaux manuels.

Il y a, en outre, des *Juifs*, occupés de commerce et de diverses industries; — des *Turcs*, qui, au xvie siècle, s'étaient établis les dominateurs du pays; — des *Koulouglis*, nés du mélange des populations turque et maure; — des *nègres*, venus du centre de l'Afrique comme esclaves, mais aujourd'hui libres partout où s'étend l'influence française; — enfin beaucoup d'*Européens*, surtout des Français.

L'Algérie est divisée en trois provinces : celles d'*Alger*, d'*Oran*, de *Constantine*. Chaque province, considérée comme territoire civil, forme un *département;* considérée comme territoire militaire, elle constitue une *division*.

Les principales villes sont :

1° Dans la *province d'Alger* : *Alger*, capitale de la colonie; bâtie en amphithéâtre sur la côte occidentale de la rade du même nom, avec 65 000 habitants. — *Boufarik*, dans la vaste plaine de la Mitidja. — *Blidah*, dans une position délicieuse, au pied de l'Atlas. — *Médéah*, vers un célèbre défilé. — *Milianah, Orléansville*, dans la vallée du Chélif. — *Dellys, Ténez, Cherchell* (anciennement *Julia Cæsarea*), villes maritimes. — *El-Aghouat* ou *Laghouat*, dans le Sahara algérien.

2° Dans la *province d'Oran* : *Oran*, importante place

forte et maritime. — *Mers-el Kebir*, avec une rade vaste et sûre, la meilleure de la côte africaine de la Méditerranée, et servant de port à Oran. — *Arzeu*, avec un bon port. — *Mazagran*, illustrée par une belle défense des Français, en 1840.—*Mascara*, qui a été la capitale d'Abd-el-Kader. — *Tlemcen*, ancienne et brillante capitale d'un royaume du même nom.

3° Dans la *province de Constantine* : *Constantine* (ancienne *Cirta*), sur le Rummel, dans une position très-forte. — *Bougie* (anc. *Saldæ*), port de mer et place forte, vers l'embouchure de l'Adouse dans le golfe de Bougie. — *Philippeville*, port très-fréquenté, sur le golfe de Stora. — *Bône* (anciennement *Hippone-Royal*), avec un beau port, sur le golfe du même nom, à l'embouchure de la Seibouse. — *Sétif* (anc. *Sitifis*), dans la grande plaine de la Medjana. — *Guelma* (anciennement *Suthul*, puis *Calama*). — *Bathna*. — *Biskara*.

L'empire de **Maroc**, placé à l'extrémité N. O. de l'Afrique, en face de l'Espagne, et baigné à la fois par la Méditerranée, le détroit de Gibraltar et l'Atlantique, est un pays admirablement placé et d'une extrême fertilité. La capitale est *Maroc* ; les autres villes sont *Fez*, *Méquinez*, dans l'intérieur ; *Tanger*, *Tétouan*, *Larache*, *Salé*, *Mogador*, sur l'Atlantique. Les Espagnols y ont *Ceuta*, sur le détroit de Gibraltar, et quelques autres places maritimes.

Le SAHARA ou GRAND DÉSERT, dont une grande partie prend le nom de HAGGAR ou HEURG, s'étend au loin dans l'intérieur du continent, au S. de la Barbarie, depuis l'Égypte et la Nubie jusqu'à l'océan Atlantique. Quelques oasis s'y présentent çà et là, entre autres celles de *Touat* et d'*Ahir*, et, parmi les peuples qui les fréquentent, un des principaux est celui des *Touaregs*, d'origine berbère.

On y remarque aussi les *Tibbous*, à l'E.; les *Trarzas* et les *Braknas*, à l'O.

On applique le nom de désert de *Libye* à la partie la plus orientale. Un des produits principaux du Sahara, c'est la gomme arabique, qui découle de l'acacia-gommier.

Les habitants du Sahara ont généralement un teint cuivré et une constitution robuste. Ils sont la plupart féroces, guerriers, perfides, attaquent et pillent les caravanes, ou font subir d'horribles traitements aux malheureux blancs que les naufrages jettent sur la côte. Ces tribus se nourrissent de millet, de mais, de dattes, de gomme, et sont d'une sobriété extrême. Elles sont plus industrieuses qu'on ne serait d'abord porté à le croire : il s'y trouve des tisserands qui fabriquent des étoffes de poils d'animaux, surtout de chèvre et de chameau; on fait du maroquin; on emploie à des usages utiles les peaux des lions, des léopards, des panthères, des hippopotames; on forge des étriers, des brides, des sabres, des poignards; il y a des orfévres, qui fabriquent des bracelets, des chaînes, des anneaux d'or, des filigranes, dont ils enrichissent avec beaucoup d'adresse les ornements pour la parure des femmes et des princes.

Le Sahara comprend en grande partie l'ancienne *Libye intérieure*, habitée par les *Gétules* et les *Garamantes*.

II.

'AFRIQUE OCCIDENTALE, MÉRIDIONALE ET CENTRALE;

ET ILES AFRICAINES.

La Sénégambie, qui doit son nom aux deux fleuves principaux qui l'arrosent, le *Sénégal* et la *Gambie*, est la contrée la plus occidentale de l'Afrique.

Le cap *Vert*, qui la termine à l'O., est le point le plus occidental de l'ancien continent. Très-près et au S. de ce cap, se trouve l'île de *Gorée*, qui dépend des Français · ce. n'est presque qu'un rocher; mais elle offre un excellent mouillage.

La Sénégambie est fertile; il y a d'épaisses forêts, formées de palmiers, de tamariniers, de papayers, de citronniers, d'orangers, de sycomores, de baobabs (les plus gros arbres du monde), de bombax, de chis ou arbres à beurre, dont on retire une matière semblable au beurre. Les acacias-gommiers sont communs, surtout dans le N., où le commerce de la gomme est très-considérable. L'arachide, qui donne une huile abondante, est l'objet d'un grand commerce.

Trois nations européennes, les *Français*, les *Anglais* et les *Portugais*, ont des possessions dans la Sénégambie.

Les Français ont la plupart de leurs établissements sur les bords du Sénégal. Leur chef-lieu est *Saint-Louis*, ville fortifiée, dans une situation peu salubre, sur une île de ce fleuve, près de son embouchure.

Le royaume d'*Oualo* vient d'être réuni aux possessions de la France.

.Les Anglais ont quelques établissements sur la Gambie :

Bathurst, chef-lieu de leurs possessions dans cette contrée, est sur une petite île, à l'embouchure de la Gambie.

Les Portugais se sont établis sur le Rio Grande de San-Domingo, et, entre ce fleuve et la Gambie, ils possèdent *Cacheo* et *Géba*.

Il y a, en outre, dans la Sénégambie, un grand nombre de petits Etats et de peuples.

Quelques-uns des habitants de la Sénégambie sont des hommes d'origine arabe ou berbère, qu'on désigne à tort sous le nom de *Maures*. Mais la masse de la population se compose de nègres : les *Ouolofs* (dans l'Oualo, etc.), qui passent pour les plus noirs de tous les nègres, sont une des principales nations de cette race.

Les *Foulahs*, *Foules* ou *Poules*, nation considérable, répandue dans plusieurs pays de la Sénégambie, surtout dans le Fouta-Dialon, et les *Mandingues*, que l'on rencontre particulièrement dans l'E. et le S., paraissent provenir d'un mélange des races blanche et nègre ; ils sont actifs, intelligents et industrieux.

La GUINÉE SUPÉRIEURE, ou l'OUANKARAH, s'étend le long de la côte septentrionale du golfe de Guinée. On y remarque : la côte de *Sierra-Leone*, qui appartient aux Anglais, et dont le chef-lieu est *Freetown*', — la côte des *Graines* ou du *Poivre*, où se trouve la petite république nègre de *Liberia*, fondée par les Américains pour les nègres affranchis ; — la côte d'*Ivoire* ou des *Dents*, où la France a les établissements de *Grand-Bassam* et d'*Assinie* ; — la côte d'*Or*, qui a pour villes principales *Coumassie*, capitale de l'empire d'Achanti ; *Cap-Corse* ou *Cape-Coast-Castle*, aux Anglais ; *Saint-George de la Mine*, aux Hollandais ; — la côte de *Dahomeh* ou des *Esclaves*, — la côte de *Bénin*, avec une assez grande ville du même nom ; — la côte de *Calabar* ; — celle de *Gabon*, où la France a un établissement.

La GUINÉE INFÉRIEURE, située au S. E. de la Guinée supérieure, occupe la côte de l'Atlantique depuis le cap

Lopez jusqu'au cap Négro. On y trouve : le royaume de *Congo*, dont la capitale est *San-Salvador* ou *Banza-Congo;* — les royaumes d'*Angola* et de *Benguela*, presque entièrement soumis aux Portugais, et dont les capitales sont *Saint-Paul de Loanda* et *Saint-Philippe de Benguela.*

La CIMBEBASIE, pays encore peu connu, est située au S. de la Guinée inférieure, également sur l'Atlantique, et doit son nom aux *Cimbebas*, un de ses peuples principaux. On y remarque aussi les *Ovampos.*

La HOTTENTOTIE, ou le pays des HOTTENTOTS INDÉPENDANTS, est une assez grande contrée, séparée de la colonie du Cap par le fleuve Orange ou Gariep, et baignée à l'O. par l'Atlantique, mais plus généralement composée de cantons intérieurs. On y remarque les *Korannas*, les *Griquas*, les *Namaquas*, les *Bosjesmans* ou *Bushmen* (Hommes des bois), les *Damaras*, etc., et le vaste désert de *Kalagari* s'y étend vers le N.

Sur la limite de l'Atlantique et de l'océan Indien, est la colonie anglaise du CAP, province fertile et salubre, avantageusement placée à l'extrémité méridionale de l'Afrique, et terminée au S. O. par le célèbre cap de Bonne-Espérance, auquel elle doit son nom. Il y a beaucoup de colons hollandais, ou *Boers*, et un grand nombre de Hottentots. Les Anglais y ont joint récemment une partie de la côte de la Cafrerie, particulièrement autour du *Port-Natal*, où un assez grand territoire a pris le nom de *Victoria.* La capitale de la colonie est *le Cap*, en anglais *Cape-town*, belle ville, la plus importante du sud de l'Afrique, près du cap de Bonne-Espérance.

Les pays d'Afrique baignés par l'océan Indien seul sont les suivants.

1° La CAFRERIE est située entre la colonie du Cap, la Hottentotie, le Mozambique et la Cimbebasie. On la divise en deux parties : la Cafrerie maritime, dont les Anglais ont joint une partie à leur colonie du Cap; et la Cafrerie intérieure, très-peu connue. Le Zambèze l'arrose au N.; il porte, sur une partie de son cours, le nom de *Liambye* ou *Séchéké*; à l'O., se trouve le lac *N'gami*; au S., coule la partie supérieure du *Gariep*, dont le *Vaal* est une branche principale. Les Cafres, dont le nom signifie simplement *infidèles* en arabe, se composent d'un grand nombre de petites nations, telles que les *Betjouanas*, les *Tamboukis*, les *Zoulas*, etc.; on trouve aussi chez eux le *Monomotapa* ou *Motapa*, avec la ville de *Zimbaoé*. Les villes de *Machâou* et de *Litakou*, dans le pays des Betjouanas, sont les autres villes principales de la Cafrerie. Il y a, dans le S. surtout, un assez grand nombre de *Boers*, anciens colons hollandais, devenus des guerriers nomades. Ils ont fondé les deux républiques du *Fleuve-Orange* et *Trans-Vaalienne*.

2° La CAPITAINERIE GÉNÉRALE DE MOZAMBIQUE, placée entre les monts Lupata et le canal de Mozambique, est traversée par le Zambèze. Elle appartient aux Portugais, et comprend, parmi ses principaux gouvernements, l'*Inhambane*, le *Sofala*, le *Mozambique propre* et le *Quérimbe*; elle a pour capitale *Mozambique*, sur une petite île du même nom. On y remarque, en outre, *Quilimane*, vers l'embouchure du Zambèze. Les indigènes de ce pays sont surtout d'origine cafre.

3° Le ZANGUEBAR est un long pays situé au N. du Mozambique et traversé par l'équateur. Parmi les villes principales, on remarque *Zanzibar*, dans l'île du même nom, résidence d'un sultan puissant qui possède Mascate, en Arabie, et qui a sous sa souveraineté presque toute la côte de Zanguebar; *Lammo*, *Brava*, *Magadoxo*, sont des ports assez florissants. Les anciennes villes importantes de *Quiloa* et de *Mélinde* ne sont plus que des ruines. On remarque, au N. de l'île de Zanzibar, les belles îles de *Pemba* et de *Mombas* ou *Mombaza*, et, au S., celle de *Monfia*. La population du Zanguebar est un mélange d'Arabes et de nègres ; une grande partie de celle de la côte professe l'islamisme ; le reste se compose de païens. On désigne en général les tribus de la côte sous le nom de *Souâhhély*. Parmi les tribus de ce pays, on distingue les *Ouasambara* et les *Ouanika*.

On remarque dans l'intérieur deux contrées :

1° La NIGRITIE SEPTENTRIONALE ou le TAKROUR, qu'on appelle aussi SOUDAN ou plutôt BELED-ES-SOUDAN (pays des nègres), s'étend des sables du Sahara aux montagnes de Kong, et depuis la Nubie jusqu'à la Sénégambie ; le Niger en arrose la partie occidentale ; le lac Tchad se trouve vers le milieu ; à l'E., coule le Misselad ou Bahr-el-Ghazel, ou Keilak, très-grande rivière qui rejoint le fleuve Blanc au lac No: Le Takrour se divise en un grand nombre de royaumes et de pays : tels sont, en commençant par l'O., le pays des *Bambaras* (comprenant les royaumes de *Ségo* et de *Djenny*); le *Massina* ; le royaume de *Timbouctou*, *Tomboutou* ou mieux *Ten-Boktou*; le *Haoussa* ou *Afnau*, possédé par l'intelligente nation des *Fellahs* ou *Fellatah*; les royaumes de *Niffé*, de *Kong*, d'*Adamaoua*; les royaumes de *Bournou*, de *Begharmi*, de *Kanem*, vers le lac Tchad ; le *Ouadây*; le *Darfour*; le *Kordofan* ou plutôt *Kordifal*, qui appartient au pacha d'Egypte ; le pays des *Dinkas* et ceux des *Berry* et des *Barry*, sur le Nil Blanc. — Les villes les plus remarquables de ces divers pays sont : *Ségo*, capitale du royaume du même nom ; *Djenny* ou *Guinée*, qui a donné son nom, à une grande partie de la côte de l'Afrique occidentale; *Timbouctou*, très-commerçante, mais moins grande qu'on ne l'a cru longtemps; *Sakkatou*, *Vourno*, *Kano*, *Kachena*, dans le Haoussa ; *Kouka*, capitale du Bournou ; *Ouara*, capitale du Ouadây; *Kobbé*, la principale ville du Darfour, dont la capitale est *Tandelti*; *Obéid*, capitale du Kordofan.

2° La NIGRITIE MÉRIDIONALE est la région la moins connue de l'Afrique. C'est vers la partie orientale de cette contrée que s'élèvent les monts Kénia et Kilimandjaro, sur la frontière du Zanguebar. On n'y connaît guère que de nom le *Ninéanai*, le *Gingiro*, les *Cazembes*, le *Cassange*, l'*Aloua*, les *Djaggas*, l'*Oukambáni*, l'*Iloigob*, les *Maravis*, l'*Ouniamési*, les *Ouaniasa*, le *Moukaranga*, le *Hoconga*, le *Bamba*.

Iles africaines. — Dans l'Atlantique, on remarque :

1° Les îles *Açores* (au Portugal), fertiles en excellents fruits, mais exposées aux tremblements de terre. Les principales sont *Tercère* et *Saint-Michel*, et la capitale de l'archipel est *Angra*, dans l'île Tercère.

2° Les îles *Madère* (aussi au Portugal), dont les deux principales sont *Madère*, célèbre par son vin, et *Porto-Santo*. *Funchal* est la capitale de Madère.

3° Les *Canaries*, qui appartiennent aux Espagnols. La plus considérable est *Ténériffe*, célèbre par son haut pic volcanique; la seconde est *Canarie* ou la *Grande-Canarie*; on remarque ensuite celles de *Palma*, de *Gomère*, de *Lancerote*, de *Fortaventure*, et la plus occidentale, l'île de *Fer*, fameuse parce que son méridien a été choisi par plusieurs nations comme le premier, pour le calcul de la longitude. La capitale de l'archipel est *Santa-Cruz*, dans l'île de Ténériffe; on remarque dans l'île de Canarie la ville de *Las Palmas*.

4° Les îles du *Cap-Vert* (aux Portugais), malsaines et exposées à de grandes sécheresses. Les principales sont : *Saint-Vincent*, siége du gouvernement, et *Sant-Yago*, la plus grande.

5° La petite île de *Gorée*, près du cap Vert (aux Français).

6° Les îles *Bissagos*, sur la côte de la Sénégambie. Elles appartiennent à des populations indigènes et aux Portugais.

7° *Fernan-do-Po*, occupée par les Anglais et autrefois par les Espagnols, dans le golfe de Guinée.

8° L'île du *Prince* et celle de *Saint-Thomas* (aux Portugais), dans le même golfe.

9° *Annobon*, située au S. des trois précédentes et dépendante des Anglais, autrefois des Espagnols.

10° L'*Ascension* (aux Anglais), avec un bon port.

11° *Sainte-Hélène*, dépendante aussi de l'Angleterre, et si célèbre par l'exil et la mort de Napoléon. *Jamestown* en est le chef-lieu.

12° Le groupe de *Tristan-da-Cunha*, fort reculé vers le S., et habité par une colonie anglaise.

Dans l'océan Indien, on trouve :

1° La grande île de *Madagascar* ou *Malgache*, qui s'allonge du N. E. au S. O. Elle a de hautes montagnes dans son intérieur ; les côtes en sont basses et malsaines, mais d'une fertilité prodigieuse. Les *Hovas* y sont le peuple dominant ; leur capitale est *Tananarivou*, dans l'intérieur.

2° L'île *Sainte-Marie*, aux Français, très-près et à l'E. de l'île de Madagascar ; *Nossi-Bé* et *Nossi-Komba*, petites îles qui appartiennent aussi à la France, sur la côte N. O. de Madagascar.

3° L'île de la *Réunion* (ci-devant *Bourbon*), belle île française ; chef-lieu, *Saint-Denis*.

4° *Maurice* (ci-devant l'*île de France*), autre précieuse colonie, autrefois aux Français, maintenant à l'Angleterre ; chef-lieu, *Port-Nord-Ouest* (ci devant *Port-Louis*).

5° L'île *Rodrigue*, aussi à l'Angleterre.

(Les trois îles précédentes sont désignées quelquefois sous le nom commun d'îles *Mascareignes*.)

6° Les îles *Comores*, dont les principales sont la *Grande-Comore*, *Anjouan* et *Mayotte*. Elles sont situées dans le N. du canal de Mozambique, et gouvernées par des sultans arabes, excepté *Mayotte*, qui dépend de la France.

7° *Monfia*, *Zanzibar*, *Pemba* et *Mombaza*, soumises au sultan arabe de Zanzibar, sur la côte de Zanguebar.

8° Les îles *Séchelles*, composées de deux groupes, celui de *Mahé* et celui des *Amirantes*, et dépendantes des Anglais.

9° L'île *Socotora* ou *Socotra*, située vers la pointe orientale de l'Afrique, et appartenant aux Anglais.

10° La terre de *Kerguelen* ou de la *Désolation*, île inhabitée, placée bien loin au S. E. de l'Afrique, par 49° de latitude S. et 68° de longitude E.

TABLE DES MATIÈRES.

PREMIÈRE PARTIE.

CONTRÉES DE L'EUROPE.

DEUXIÈME PARTIE.

AFRIQUE.

I.

———

Ch. Lahure, imprimeur du Sénat et de la Cour de Cassation,
rue de Vaugirard, 9, près de l'Odéon.